UN OBJETO DE DESEO

COLECCIÓN TEATRO

EDICIONES UNIVERSAL, Miami, Florida, 2006

Matías Montes-Huidobro

UN OBJETO DE DESEO

Copyright © 2006 by Matías Montes-Huidoro

Primera edición, 2006
EDICIONES UNIVERSAL
P.O. Box 450353 (Shenandoah Station)
Miami, FL 33245-0353. USA
Tel: (305) 642-3234   Fax: (305) 642-7978
e-mail: ediciones@ediciones.com
http://www.ediciones.com
Library of Congress Catalog Card No.: 2005939140
I.S.B.N.: 1-59388-073-01
EAN: 978-1-59388-073-6

Dibujo de la portada: Josep Lloveras de Reina
Diseño de las cubiertas: Michael Rodríguez/AdventureHosting.net
En la portada y contraportada, fotografías de José Martí

Todos los derechos
son reservados. Ninguna parte de
este libro puede ser reproducida o transmitida
en ninguna forma o por ningún medio electrónico o mecánico,
incluyendo fotocopiadoras, grabadoras o sistemas computarizados,
sin el permiso por escrito del autor, excepto en el caso de
breves citas incorporadas en artículos críticos o en
revistas. Para obtener información diríjase a
Ediciones Universal.

REFLEXIONES EN TORNO A UN OBJETO DE DESEO

por
Yara González Montes

No deja de resultar intrigante que un escritor del calibre de Matías Montes Huidobro estando entregado al diálogo ensayístico con la novela *Lucía Jerez* de José Martí, en la cual se sumergía para la escritura de su artículo «*Lucía Jerez*: una amistad funesta»[1], al terminarlo, se haya visto incitado a escribir una obra de teatro basada no sólo en la novela, sino en la vida misma de su autor, escudriñando intersticios poco conocidos o soslayados por la mayoría de los autores que han escrito sobre la vida del Apóstol. Durante años, los dos, Matías y yo, hemos leído con inmenso interés esta novela y cada vez que la leíamos teníamos apasionadas discusiones sobre ella, particularmente sobre el personaje de Lucía, que después se extendieron a las relaciones de Martí con la que fuera su esposa y con Carmen Miyares de Mantilla. Aunque Matías, dramaturgo, narrador, poeta y ensayista, ha manifestado una indiscutible coherencia en el tratamiento de la mujer en la sociedad cubana, como se hace evidente en las narraciones que escribió en la década del cincuenta, tengo que reconocer que la voz femenina, (es decir, la mía), no se sentía aún conforme.

---
[1] Montes Huidobro, Matías. *La narrativa cubana entre la memoria y el olvido*. Ediciones Universal, 2004. (45-97)

Respecto a Lucía, para mí ella siempre ha sido un ser fascinante, concebida, a pesar de su modernidad con un concepto casi calderoniano, salvando la inmensa distancia existente entre el concepto dramático de Calderón y nuestro autor y personaje. Me la imaginaba identificada a títulos como *El mayor monstruo los celos* o *A secreto agravio secreta venganza*, a pesar de que pese a su condición femenina y rompiendo todas las leyes que rigen el teatro calderoniano, era ella la que tomaba el arma en la mano y llevada, no por el concepto del honor, sino por la pasión de los celos, cometía, sin calcular sus consecuencias, el terrible crimen pasional que la caracteriza en la novela. Es muy probable que la modernidad de esta heroína no haya sido pensada por su autor porque la patética Lucía presenta un grado de humanidad y de interés por las contradicciones de su carácter y lo voluntarioso de su ser, que ningún otro personaje de la novela tiene.

Si es cierto que este personaje, como afirma la crítica, representa a Carmen Zayas Bazán, la esposa de Martí, que Sol es la personificación de María García Granados, que el *alter ego* de José Martí no es otro que Juan Jerez y que el resto de los personajes ha sido creado teniendo como modelos a miembros de su familia, a Montes Huidobro no le quedó más remedio que recurrir a su biografía para poder llegar al meollo de la novela y de su propia vida. Gonzalo de Quesada cuenta que cuando encontró en la oficina de José Martí el original de la novela en las páginas sueltas de *El Latino-Americano*, mientras ambos, él y Martí, ponían en orden los papeles de este último, le preguntó a Martí qué era aquello, a lo que este le respondió: «......recuerdos de épocas, de luchas y de tristezas......»[2]. Esta es una evocación intimista donde tres palabras, «recuerdos», «luchas», y «tristezas», adquieren un significado sutil profundo. Los «recuerdos» dan un sentido

---

[2] Morales, Carlos Javier. Introducción a *Lucía Jerez*. Madrid: Cátedra. 2000. p.52.

nostálgico, brumoso e indefinido de naturaleza impresionista que nos conduce a un estado mental del propio Martí relacionado con experiencias no especificadas de su vida. Las «luchas», dadas posiblemente a través de los afanes de justicia social que tiene Juan Jerez, reflejan un Martí de combate público aunque bien puede referirse también a las batallas internas que por esa época sostenía. Cuando pronuncia la palabra «tristezas», Martí parece internalizar una serie de estados emocionales y dolorosos asociados a una novela que tiene por momentos un carácter aparentemente superficial y hasta distanciado de los más agónicos textos de su poesía. Dicho de este modo, la lectura de *Un objeto de deseo* nos lleva a considerar su presencia en los enfrentamientos dramáticos de la obra. Hay mucho de intimidad, subjetividad y sentimientos, de experiencia vital, tanto en la novela como en la versión escénica de Montes Huidobro.

La gestación y desarrollo de la escritura de Matías es siempre un acto vivido y compartido entre nosotros, hecho por el que siempre me he sentido verdaderamente afortunada. Siempre he sido su consejera, su primera lectora, su correctora de pruebas, su primera crítica. Hemos experimentado juntos el nacimiento y desarrollo de estos personajes que han llegado a escapárseles de las manos para actuar con voluntad propia. Pocas veces hemos discutido un texto con tanta intensidad como en el caso de *Lucía Jerez*. Después de largas horas de trabajo, mayormente a la medianoche, a la mañana siguiente Matías me sorprendía con escenas donde le había dado forma teatral a la compleja madeja creada por sus personajes. Al llegar a este punto, celebrábamos su realización.

La crítica masculina tiene la tendencia a pasar por alto el sometimiento sicológico, físico y social que constreñía a la mujer y que se extendía desde el ámbito privado al público. De ahí se desprende el superficial entendimiento masculino de las circunstancias de Carmen Zayas Bazán e inclusive la resistencia a asumir una posición de mayor comprensión respecto al ultraje de lo femenino. *Un objeto de deseo* invita a reconsiderar sus circunstancias vitales conduciendo al espectador a una revalorización de su conducta teniendo en cuenta todos los factores que entraron en juego en su vida. No es posible negar que el sexo tiene un papel importante al determinar el punto de vista, como seguramente sea mi caso, hecho que se puso de manifiesto cuando Matías y yo escribimos en colaboración *José Antonio Ramos. Itinerario del deseo. Diario de amor.* No pretendo restarle a José Martí sus grandes valores ideológicos, ni los innumerables y valiosos méritos que posee como escritor y hombre público, pero pasado un siglo, y de acuerdo con nuevos cánones respecto a la mujer, no es lo más indicado aferrarse a convencionales puntos de vista. Además, en muchos sentidos como el propio Montes Huidobro ha puntualizado en su ensayo, Martí se anticipa a su época en el audaz tratamiento de Lucía Jerez. Es por ello que pienso que la historia ha sido injusta con Carmen Zayas Bazán, que fue una mujer que, atrapada en circunstancias adversas y trágicas de las que nunca pudo liberarse, tuvo que haber sufrido intensamente.

    La abundante intertextualidad que presenta *Un objeto de deseo,* de textos poéticos, dramáticos y del propio anecdotario martiano, nos conduce a una reconsideración existencial, subjetiva y sentimental de la vida íntima de este hombre extraordinario que tanto ha significado para todos los cubanos.

TEXTO Y REPRESENTACIÓN

por
Matías Montes-Huidobro

La publicación de *Un objeto de deseo* invita a una serie de aclaraciones pertinentes al proceso de su creación. La obra responde a imperativos históricos, culturales, ensayísticos y dramáticos de naturaleza intertextual. Su escritura representa un múltiple compromiso, en primer término con Martí, que me llevó al análisis de su novela. Al adquirir forma en el ensayo que incluyo en mi libro *La narrativa cubana entre la memoria y el olvido,* esto implica un compromiso directo con el ensayo académico, con el cual he estado trabajando por muchos años, al mismo tiempo que he realizado mi carrera como dramaturgo. A partir de este momento, siguiendo un proceso de múltiples desdoblamientos de mi quehacer crítico-creador, la naturaleza misma de la vida de Martí, los vínculos entre ficción y realidad, el ensayo se convierte en teatro y se transforma en *Un objeto de deseo.*
    La obra no pretende ser histórica en el estricto sentido de la palabra. Está documentada de forma histórico-crítica por trabajos de investigación realizados por el autor, complementados con textos de la novela que sirve de motivación y desarrollo, y con poemas de Martí. Pero es, básicamente, un encuentro a niveles de ficción entre los tres personajes que, partiendo de la realidad, hacen teatro.

Para acrecentar el cúmulo de complejas circunstancias que esto representa, el estreno tiene lugar dentro del marco de una serie de actividades martianas, consecuencia de otra de mis propuestas: «Celebrando a Martí». El riesgo de presentar el texto dramático dentro de un contexto de investigadores dedicados al estudio de Martí, adoptando, además, una posición polémica e iconoclasta en el tratamiento martiano, la coloca dentro de una circunstancia única, e incrementa mi disyuntiva entre el ser ensayístico y el ser dramático, que lleva al subsiguiente planteamiento sobre texto y representación.

Además del conflicto que representa la posición de mis personajes con respecto a investigadores y críticos que son inevitables puntos de referencias de mi ensayo martiano, se encuentra el problema adicional que hay entre el texto y la puesta en escena, ya que esta última se convierte en una variante del texto, sujeto ahora a necesidades dramáticas. Es por eso que el producto final en escena no es, en su más estricto sentido, el del texto dramático y la investigación en que se basa (la intertextualidad obligada en este proceso creador) sólo puede puntualizarse en el ensayo, con notas y paginación. Esto no puede hacerse en el teatro y sólo puede hacerse explícito en la página escrita, lo que me obliga a remitir al investigador a mi ensayo y completar la publicación del drama con cierto número de referencias.

Esto no quiere decir que los elementos que entran en juego no tengan vida propia a partir de la vida de Martí, pero el ensayo no es teatro ni el teatro es ensayo; ni tampoco quiere decir que tengamos que leer el ensayo para llegar a la obra, o leer todo Martí y la bibliografía que lo acompaña para saber lo que está pasando. Ni siquiera hay que leer la novela sobre la que se fundamenta. Los reproches que Carmen le hace a Pepe son directos, y aunque Lucía, personaje de ficción, crea algunas complicaciones, hoy en día el público teatral tiene suficiente comprensión de estos recursos escénicos, y sería hasta insultante poner en tela de juicio su capacidad para comprenderlos. Carmen Zayas Bazán y Lucía Jerez llegan a conclusiones sobre Martí que, aunque son producto de investigaciones críticas del autor, representan puntos de vistas dramáticos al que tienen derecho ambas mujeres como personajes. El dramaturgo tiene objetivos bien diferentes y definidos en relación con el ensayista. Más todavía: el texto dramático no es necesariamente la puesta en escena. Ni a la inversa. La trayectoria que va de la escritura a la escena es muy larga y compleja. Los personajes e inclusive las situaciones dejan de ser del autor para convertirse en la creación de los demás. Cada intérprete recrea a «su» personaje y de hecho lo hace suyo porque sólo así le puede dar vida propia. Cada director hace otro tanto. Una cosa no es mejor o peor que la otra; son, sencillamente diferentes. Como los hijos, que crecen y dejan de ser «de uno». Esto, en última instancia, es un verdadero desgarramiento. Pero, aclaremos, la publicación del texto no es en modo alguno un comentario sobre la recreación del mismo en las tablas, que representa otra lograda vivencia.

Finalmente, el carácter efímero del teatro hace imprescindible la publicación de la obra dramática, que es la condición básica de su permanencia. Si bien la vivencia del dramaturgo que ve su obra en escena es una experiencia única que no es en medida alguna comparable con la que experimentan el ensayista, el narrador y el poeta (y lo sé por experiencia propia), la fugacidad ritual de la vivencia dramática, que es vida y muerte, justifica el gesto unamuniano de publicar el texto.

NOTA

Dada la naturaleza intertextual de la obra, para aquellos investigadores interesados en trazar sus fuentes se recomienda consultar mi ensayo, «*Lucía Jerez*: una amistad funesta», que aparece en mi libro *La narrativa cubana entre la memoria y el olvido* (Miami: Ediciones Universal, 2004), con la bibliografía que sirvió de base investigativa al trabajo creador. En la presente edición, las citas tomadas de este libro aparecen con un asterisco (*). Los textos procedentes de Martí, ya sean de la novela o de su poesía tienen dos (**). En algunas ocasiones, en beneficio del desarrollo dramático, el autor se ha visto precisado a hacer alteraciones menores. La lírica, si no aparece entre comillas, es original del dramaturgo. Los que tienen tres asteriscos (***) indican otras fuentes. Naturalmente, la obra dramática en sí misma tiene su propia autonomía escénica y no requiere tales consultas, pero posiblemente habrá interesados en ahondar en esta dirección.

JOSEP LLOVERAS DE REINA

Nadie mejor que el pintor catalán Josep Lloveras para ilustrar nuestra portada. Sus declaraciones respecto a su amor por el cuerpo femenino, que ve como «la suprema manifestación de la belleza», lo hace pintor idóneo para expresar la sexualidad martiana, que es uno de los enfoques esenciales de *Un objeto de deseo*. Aunque en este caso sea el propio Martí el objeto de deseo del sexo opuesto, obsesionado por un hombre que desencadenó intensas pasiones, se trata de una reacción recíproca donde un «objeto» se vuelve el objetivo del otro. Aunque el concepto que expresa el título transciende los límites corporales hasta llegar, por momentos, a la mitificación apostólica martiana, Martí es, en mi obra y en su sentido más estricto, «el objeto de deseo» de Lucía y Carmen. En todo caso, uno responde al otro ante el espejo, como puede verse en las imágenes de Josep Lloveras. De ahí que las figuras desdobladas de la portada, captan la pasión y la tortura que hay detrás del deseo.

Nacido en un pequeño pueblo catalán, Cassà de la Selva, Josep Lloveras sigue la tradición de un origen campesino, agreste, que tanta importancia ha tenido en la historia y el arte español, que evoluciona y se convierte en expresión artística. Su medular rusticidad amatoria, la corporalidad de la belleza donde no falta la mística, que se complementan, dan a su pintura una intensidad a través de la línea y el color (de la que deja constancia la portada de este libro) enraizada en una naturaleza que se disuelve hacia la estética.

Después de la Guerra Civil, Lloveras inicia sus estudios en escuelas de arte en Barcelona, exhibiendo en galerías que estaban a la moda (el Palau de la Virreina, la Galería Argos, etc). Viaja de Marruecos a Egipto, también a París, y a pesar de la pobreza y circunstancias hostiles (como indica su biógrafo Josep Lluís Blázquez) hace un recorrido por Inglaterra, Holanda, Italia y los países escandinavos. En 1952 se establece en Cuba, y su estancia se prolonga hasta la década del sesenta. Permanece en Cuba por algún tiempo, viajando también por los países europeos del bloque comunista, hasta que las circunstancias cubanas bajo el castrismo, lo llevan a regresar a Cataluña, donde ha pasado más de treinta años en un péndulo urbano y rural significativo, de Barcelona a Cassà de la Selva, enriqueciendo su universo pictórico con nuevas imágenes, exhibiciones y merecidos reconocimientos.

(Notas de Matías Montes Huidobro)

UN OBJETO DE DESEO
de
Matías Montes-Huidobro

Personajes:
Carmen
Pepe
Lucía

ESCENOGRAFIA

La escenografía debe ser esquemática, prefiriéndose dos butacas de mimbre blanco y una mesita con libros, haciendo juego; similares a las que se usaban en Cuba a fines del siglo XIX, pero debe evitarse la cubanización innecesaria del escenario. La ubicación temporal no tiene que ser enfática; más bien sugerirse. Después de todo, la acción se desarrolla cuando ya los personajes están muertos. En última instancia, a falta de recursos, sillas de tijera o de metal. Objetos de utilería complementarán, de acuerdo con las referencias del texto. Si no hay recursos, o si se estima más efectivo, se recurrirá a la cámara negra. La «espectacularidad» de la obra se reducirá a la luz y al sonido, que complementará el contrapunto entre los personajes, sin asfixiar el plano de actuación. Un panel, más documental que patriotero, podría cubrir todo el fondo del escenario con fotografías de Martí, Carmen Zayas Bazán, Carmen Miyares, etc, todas en blanco y negro, lugares relacionados con la biografía martiana, que podrían extenderse a la sala. Esto podría incluir una exposición de libros o portadas de textos de Martí o sobre Martí en el vestíbulo del teatro, particularmente ediciones de *Lucía Jerez,* convirtiendo la puesta en escena en todo un evento martiano.

ACOTACIONES SOBRE EL MONTAJE

En *Un objeto de deseo* los planos entre «ficción» y «realidad» se confunden. Los textos martianos y de fuentes críticas aparecen entre comillas, pero esto no quiere decir que tengan que leerse, a menos que se indique explícitamente. Están marcados entre comillas a los efectos de su publicación ; no a los efectos de la representación. Las «lecturas» deben hacerse coreográficamente, con un sentido corporal, gestual, que les den movimiento, intensidad. En todo caso, el libro en la mano y papeles en función de cartas, indicarán referencia textual, que es importante para que el espectador no pierda de vista la intertextualidad de la misma. Aunque no se lean las cartas y los actores las memoricen, para darle mayor dramaticidad, debe quedar aclarado que se leen cartas o documentos. El juego entre dramatismo y textualidad no debe perderse. Una hoja de papel servirá de referencia visual. Sin quitarle la absoluta fluidez dramática, la transición de lo dialógico a lo textual debe hacerse consciente para el público.

Las secuencias poéticas no deben llevarse a escena como «poesía» sino como «drama», integradas a la acción. En todo momento deben dramatizarse y, en muchos momentos, quitarles la consistencia rimada para que el texto adquiera la naturalidad de la prosa y su contenido se entienda perfectamente. Aunque los textos líricos de Martí deben participar «en vivo» dentro de la acción, en algunos casos funcionarán a modo de distanciamiento «brechtiano».

Este efecto de «distanciamiento» es intencional, en oposición del «enfrentamiento» dramático entre los tres personajes y en particular las dos mujeres. Lo mismo ocurre con los «apartes» poéticos y las escenas de naturaleza «metateatral» que interceptan intencionalmente el contrapunto entre los personajes, dándole una dinámica más variada a la obra.

PRIMER ACTO

(Cuando se descorre el telón, Pepe está hacia el fondo del escenario, entre las sombras. Lucía y Carmen entran al mismo tiempo por lados opuestos del escenario. Tanto Lucía como Carmen visten de forma casi idéntica, sin adornos. La moda y el tiempo no están necesariamente precisados, aunque preferiblemente deben vestir de acuerdo con la moda de fines del siglo diecinueve. Martí «viste» a Lucía de seda carmesí, que podría ser el de una de las dos, y el otro de alguna tonalidad diferente. En todo caso, un rojo que tienda a ser casi negro. Si este fuera el caso, ambas llevarían una flor negra. Se evitará cualquier rojo chillón. Otra opción sería que las dos vistieran de negro. Los vestidos no deben ser idénticos, pero sí muy parecidos.

CARMEN: *(Con naturalidad)* ¿Lucía?
LUCIA: *(Tono coloquial).* ¿Carmen?
CARMEN: Por un momento creí...
LUCIA: ...que era yo la que llegaba.
CARMEN: Es como si la una fuera...
LUCIA: ...el espejo de la otra.
CARMEN: Lo siento, Lucía. A mí me ha tocado siempre la peor parte. Lamento que Pepe estuviera pensando en mí cuando te estuvo escribiendo.
LUCIA: ¿No era yo?
CARMEN: Era yo. Bueno, claro, yo tengo también la culpa, después de todo, porque si no hubiera sido por el recha-

zo que sentía hacia mí nunca te hubiera creado. Yo era la modelo. Toda la crítica ha repetido una y otra vez que tú eres yo, que la una es el espejo de la otra, que cuando escribió *Amistad funesta* no te escribía a ti, porque era a mí a quien Pepe tenía en la cabeza.
LUCIA: ¿Te parece?
CARMEN: No te quepa la menor duda, porque si todo el familión estaba metido en la novela, es lógico que tú y yo estemos metidas en ella. Si Ana es su hermana Ana, a quien adoraba; Adela, su otra hermana; don Manuel del Valle y doña Andrea sus progenitores, yo soy tú y tú eres yo.
LUCÍA: ¿Estás segura?
CARMEN: Bueno, segura, lo que se llama segura, no te sé decir. ¿Cómo podemos estar seguros de lo que la gente piensa y siente?

(Pepe se encuentra en el fondo del escenario, en una semioscuridad. Gradualmente va saliendo de la penumbra. Martí aparecerá todo de negro de acuerdo con las imágenes mas tradicionales. Libremente, en otros momentos, podrá aparecer sin chaqueta, en camisa blanca de mangas largas. Los cambios de la chaqueta irán de acuerdo con la naturaleza de las secuencias, asociándose la ausencia de ella con los episodios más juveniles, apasionados y violentos, aunque las «representaciones» más «galantes» podrían hacerse con chaqueta.

El actor que interprete a Pepe en ningún momento debe intentar, físicamente, parecerse a José Martí, y mucho menos adquirir una consistencia retórica y solemne. Se prefiere un actor que de una dinámica juvenil, lejos del concepto estereotipado de un Martí rígido y apostólico, que se hará palpable, básicamente, en el cierre de la obra.

UN OBJETO DE DESEO

Recita el poema de forma confusa y torcida, desencajadamente, como si se estuviera fabricando a medida que lo dice, como si fuera construyendo el cuerpo y la mente en un juego danzario. Al final queda erguido, iluminado, como hombre creado. Cae en un foco de luz. Ni Carmen ni Lucía parecen estar conscientes de su presencia).

PEPE: Un león con alas, enfrenado,
Dentro de mí se encuentra.
En el bote iba remando
Por el lago seductor
Con el sol que era oro puro
Y en el alma más que un sol.
Las riendas que a mí me atan
Aprietan mi corazón.
Vienen las fieras a verme
Cuando entro al corredor.
El león allí encerrado
Grita grita, remador,
Y se oculta en mi cabeza
Para frenarme mejor

CARMEN: *(Natural, al público).* Es posible comprobar hechos, pero no es posible llegar a estados emotivos y sicológicos, que ni siquiera podemos desentrañar entre personas muy allegadas. Sencillamente, nadie conoce a nadie.

PEPE: *(Bajo el foco de luz)*
«Como fiera enjaulada
Mi asiento dejo –empujo la entornada
Puerta, vuelvo a mi libro,
Los anchos ojos en sus letras clavo,
Como cuerdas heridas, tiemblo y vibro...
Dentro de mí
Hay un león enfrenado» **
Que es mi pena.

CARMEN: *(A Lucía).* Conocer, lo que se llama conocer, es un imposible.

(Carmen y Lucía se han sentado en la butaca, sin hacer caso de la presencia de Pepe).

LUCIA: ¿Y Sol?
CARMEN: María García Granados, «La Niña de Guatemala». Esa que dicen que se murió de amor. Una mosquita muerta de la que siempre se han dicho maravillas. Pero a mí me han tratado a la patada.
LUCIA: No creas que yo he salido mucho mejor.
CARMEN: Es cierto, pero después de todo, tú no eres más que un personaje de ficción.
LUCIA: Eso no quita. Muchas personas me han ignorado. En el mejor de los casos. Porque de mí se han dicho horrores: un ser imperfecto, una criatura con un ansia desmedida de posesión, con una perversión moral absoluta.
CARMEN: ¡Qué barbaridad! *(Algo burlona).* Parecen cosas de Fermín Valdés Domínguez.
LUCIA: ¿Y ese quién es?
CARMEN: Un amigo de Pepe.
LUCIA: ¿Pedro Real? Era su mejor amigo
CARMEN: En la novela, porque en la vida real todos dicen que él y Fermín eran uña y carne.
LUCIA: Pero esto es muy complicado. *(Refiriéndose al público).* No van a entenderlo.
CARMEN: Es posible. Hay personas que vienen al teatro para pasar el rato, porque no tienen mejor cosa que hacer.
LUCIA: *(Al público, de pie, con una inclinación).* Yo soy Lucía Jerez
CARMEN: Un personaje de novela.
LUCIA: *(Enfática)* ...la **protagonista** de *Lucía Jerez,* que escribió José Martí...

CARMEN: ... que no necesita presentación...
LUCIA: ... Apóstol de la Independencia de Cuba.
CARMEN: *(Al público, de pie, con una inclinación).* Y yo soy Carmen Zayas Bazán...
LUCIA: Una mujer de carne y hueso.
CARMEN: ... la esposa de José Martí...
LUCIA: A quien llamaremos Pepe.
CARMEN: *(A Lucía).* Habrá que explicárselo un poco más.
LUCIA: Naturalmente, que para eso están los libros.
CARMEN: Seguramente entenderán mucho menos.

(A modo de «aparte brechtiano», Lucía y Carmen le leen al público, didácticamente. La lectura debe hacerse de «La narrativa cubana entre la memoria y el olvido» del autor de la obra dramática)

LUCIA: *(Leyendo, a alguien en el público).* «Incapaz de cometer ningún pecado de carne y hueso, Juan Jerez, el prometido de Lucía, los transfiere a su mejor amigo, Pedro Real, en una artimaña de Dr. Jeckyll y Mr. Hyde» *

CARMEN: *(Leyendo, a alguien en el público).* «Esta duplicidad que tan compleja hace la relación de la novela de Stevenson, está presente en la que hay entre los dos amigos, que es otra «amistad funesta» *.

LUCIA: *(Leyendo, a alguien en el público)* «Martí está desdoblándose: Juan Jerez y Pedro Real son las dos caras de una misma moneda: el ideal, lo elevado, y el instinto, lo bajo, dentro de los términos de una dicotomía» *.

CARMEN: *(Leyendo, a alguien en el público)* «Juan es la figura pública, perfecta, preocupado por la injusticia social; pero en el «laboratorio» de su identidad, oculto, a la medianoche, se desata y se afila los dientes, envolviéndose en la capa de Pedro, que es el hombre lobo, y sale a hacer de las suyas» *

LUCIA: ¿Pero cómo te atreves a decir eso?

23

CARMEN: No, lo que soy yo no he dicho nada. Sólo estoy leyendo lo que dijo el ensayista. *(Breve pausa)*. Un desdoblamiento.

LUCIA: Pero eso debe ser muy doloroso. Como si uno tuviera adentro dos hermanos siameses que se aman y odian al mismo tiempo.

CARMEN: Un enmascaramiento. En teatro se usa mucho. Y en la vida real también, te lo aseguro. *(Intencional, al público)*. Hay muchos que sólo salen a la calle con la careta puesta.

LUCIA: Entonces Pepe no es Juan.

CARMEN: No, no lo es. O por lo menos, no del todo. De hecho, no sé como te volviste loca por ese hombre, Juan Jerez, que nunca te puso un dedo encima.

LUCIA: Era un idealista.

CARMEN: Un idealista de postalita, que poco tenía que ver con Pepe. Porque si Juan no pasó de salir un par de veces en defensa de los indios, lo cierto es que Pepe dio la vida por Cuba.

LUCIA: ¿Y Pedro?

CARMEN: El otro lado de la moneda. El que hacía lo que no debía hacerse. Bueno, su Mr. Hyde, que tenía dientes, como Pepe decía, y sabía como usarlos. El otro lado de Juan: el que tú no veías cuando Juan estaba contigo, pero que andaba escondido por alguna parte. El que le daba informes más precisos sobre nosotras las mujeres.

LUCIA: ¡Qué exageración, Carmen! ¡Las cosas no debieron pasar así!

CARMEN: ¿Y cómo debieron pasar? En el fondo, las cosas pasan como uno se las imagina. Pepe era un hombre de carne y hueso. Cuando fui para Camagüey y pasé años separada de él pensé muchas cosas. Posiblemente más de la cuenta.

LUCIA: Juan era noble criatura, Carmen. Tenía una coraza de luz. *(De carretilla, como si lo hubiera aprendido de memoria, sin sentimientos)*. «Y veía en las desigualdades de

la fortuna, en la miseria de los infelices, en los esfuerzos estériles de una minoría viciada por crear pueblos sanos y fecundos...» **
CARMEN: Eso debes haberlo leído en alguna parte.
LUCIA: Claro, en mi novela, Carmen.
PEPE: En mi novela, Lucía.
LUCIA: ¿No es lo mismo?
PEPE: No, no es lo mismo. *(Leyendo de una edición de la novela).* «Llevaba Juan Jerez, en el rostro pálido, la nostalgia de la acción, la luminosa enfermedad de las almas grandes, reducida por los deberes corrientes o las imposiciones del azar a oficios pequeños; y en los ojos llevaba como una desolación, que sólo cuando hacía un gran bien, o trabajaba en pro de un gran objeto, se le trocaba, como un rayo de sol que entra en una tumba, en centelleante júbilo» **.
LUCIA: *(Sentenciosa, de memoria)* «Era un corazón noble y viril...» ** *(A Carmen)* ¿Qué te parece? No había hombre como él. Es lástima que no lo conocieras.
CARMEN: Lo conocí.
LUCIA: Era un hombre superior frente al cual todos los otros resultaban insignificantes. Yo siempre lo amé porque era puro, casto, incapaz de un mal pensamiento. Y nunca tuvo para conmigo un gesto indebido.
CARMEN: Un hombre ideal, que no era de carne y hueso. *(Firme).* Pero lo celabas.
LUCIA: Sí, es cierto, porque yo quería que ese hombre ideal fuera todo para mí. ¿Te acuerdas cuando nos contó aquella historia de Longfellow de un joven, que en medio de una tempestad de nieve subía por una montaña con una bandera en la mano que decía «Excelsior»?
PEPE: *(Entrando en el juego).* ¡Más alto! ¡Más alto! *(Corre como si llevara una bandera).*
LUCIA: Y subía y subía de puerto en puerto... *(Lucía corre tras él)*

PEPE: ¡Más alto! ¡Más alto!
LUCIA: *(Sigue el juego)* De montaña en montaña...
PEPE: ¡Más alto! ¡Más alto!
CARMEN: *(Levantándose, advirtiendo el peligro)* ¡Un torrente se viene abajo! ¡La tempestad les viene encima!
LUCIA: ...yo quería que descansara la cabeza fatigada en mi seno
CARMEN: ...pero me apartó para seguir escalando...
PEPE: ¡Más alto! ¡Más alto!
LUCIA: *(Forcejean. Parece un juego. Pepe resiste)* ¡No, no, tú no me apartarás de tu lado! ¡Yo te quito la bandera de las manos! ¡Tú te quedas conmigo! ¡Yo soy lo más alto! *(Pepe cae al abismo: gestualización dramático-corporal de la caída)*
CARMEN: *(Al borde del abismo).* Lo hallaron muerto al día siguiente, medio sepultado en la nieve, con la mano asida a la bandera con aquel letrero que decía: ¡Más alto!
LUCIA: Era un hombre extraordinario. No ha habido otro igual.
CARMEN: Pura literatura. Pepe lo estaba novelando... Era una invención que hacía de sí mismo... Era como él se veía ante el espejo...
LUCIA: *(Sentenciosa).* Recuerda que dió su vida por Cuba.
CARMEN: *(Implacable, vil).* Quizás a ti pudo engañarte, pero a mí no, porque lo conocía demasiado bien, ¡mejor que nadie!, digan lo que digan esos señores que se dan de historiadores.
PEPE: *(Arrastrándola hacia sí, violento, sin leer)* «En la mujer, Carmen, como es la hermosura mayor que se conoce, creemos hallar como un perfume natural donde se encuentran todas las excelencias del espíritu; por eso los poetas se apegan con tal ardor a las mujeres a quiénes aman y cuando creen que algún acto pueril e inconsiderado las desfigura, o imaginan ellos alguna frivolidad o impureza, se

ponen fuera de sí, y sienten unos dolores mortales, y tratan a su amante con la indignación con que se trata a los ladrones y a los traidores, y les parece que han estado usurpándoles y engañándoles con maldad refinada» ** *(La tira con violencia. Se pone de pie)* «¡Los poetas de raza mueren! Los segundones... siguen su camino por el mundo besando en venganza cuántos labios se les ofrecen, con los suyos, ¡tintos de veneno!» **

CARMEN: Si mal no recuerdo, tú decías, Pepe, que había cierto espíritu de independencia en el pecado, que lo hace simpático cuando no es excesivo. *(Lee)* «Pocas son por el mundo las criaturas que, hallándose con las encías provistas de dientes, se deciden a no morder, o reconocen que hay placer más profundo que el de hincar los dientes, y es no usarlos. Pues, ¿para qué es la dentadura, se dicen los más, sobre todo cuando la tienen buena, sino para lucirla y triturar los manjares que se lleven a la boca?»** Lee. *(Le pasa el libro a Lucía)*

PEPE: *(Se cruza con ella, agresivo, leyendo en parte, aunque no se trata de una simple lectura, sino de una acción dramática).* «De fieras yo conozco dos clases: una se viste de pieles, devora animales, y anda sobre garras; otra se viste de trajes elegantes, come animales y almas y anda sobre una sombrilla o un bastón» ** *(Dejando el libro)* No son más que fieras reformadas.

LUCIA: *(A Carmen).* ¿Qué le había hecho para que me tratara de ese modo? ¿Por qué ese ensañamiento?

CARMEN: Pero no con Pedro, al que siempre acababa justificando.

LUCIA: *(Desconcertada, Lucía sigue leyendo).* «Pedro tenía en los ojos aquel discreto centelleo que subyuga y convida: en actos y palabras, la insolente firmeza que da la costumbre de la victoria, y en su misma arrogancia tal olvido de que la tenía, que era la mayor perfección y el más temible encanto de ella.» **

CARMEN: *(A Pepe).* Eras tú, Pepe.
PEPE: «Si dicen que del joyero
Tome la joya mejor,
Tomo a un amigo sincero
Y pongo a un lado el amor» **
CARMEN: *(Volviéndose al público)* Juan Jerez era todo un caballero porque Pepe lo hizo de ese modo, como él quería que fuera. Un plan premeditado, para que pensáramos que era él. Pero de mí... Sobre nosotras.... Una mentira ha seguido a la otra... Bueno, ya ustedes saben como son los historiadores. Sin contar los críticos, los poetas, los dramaturgos, los novelistas. *(Irritada).* Se han descubierto cartas. Se han falsificado documentos. Se han inventado amores. *(Violenta)* ¡Mentiras, mentiras todas! *(A Pepe).* Tú lo sabes perfectamente. Quizás hasta lo planeaste todo.
PEPE: Eso es una infamia, Carmen. Tenía cosas más importantes que hacer más allá de esas rencillas, de esas mezquindades. Tú lo sabes bien.
CARMEN: ¿Y las rencillas y mezquindades de los otros? ¿Cómo te trataron? Yo era la que velaba por tus intereses, que eran los de la familia y en particular de tu hijo.
PEPE: «Yo sacaré lo que en el pecho tengo
De cólera y de horror...» **
CARMEN: Cuando Maceo y Gómez se encontraron contigo en Nueva York, te humillaron, no te hicieron caso. Recuerda que desde aquel momento Máximo Gómez te tenía entre ceja y ceja.
PEPE: *(Para sí mismo).* «Conozco al hombre y lo he encontrado malo...» ***
LUCIA: *(Haciendo de Máximo Gómez)* «Limítese a lo que digan las instrucciones y, en lo demás, aténgase a lo que disponga el general Maceo...»
PEPE: «¿Qué somos, General? ¿Los servidores heroicos y modestos de una idea que nos calienta el corazón, o los

caudillos que con el látigo en la mano y la espuela en el tacón, se disponen a llevar la guerra a un pueblo para enseñorearse después de él? Un pueblo no se funda como un campamento.»
CARMEN: *(A Lucia).* Como es natural, se buscó la enemistad de todo el mundo.
LUCIA: Lo envidiaban. No querían reconocer su talento.
CARMEN: *(A Pepe)* Te envidiaban. No querían reconocer tu talento. Todo no era «cultivo una rosa blanca para el amigo sincero» conque lo han disfrazado siempre. Había otras citas, que no repiten con tanta frecuencia:
PEPE: *(Meditabundo, con cierta indecisión).* «Cada vez que me asomo a los hombres... me echo atrás como si viera un abismo» **.
LUCÍA: Repite aquello que me dijiste debajo de la enredadera.
PEPE: No era yo, era Juan.
LUCIA: Que habías vivido poco y tenías miedo de vivir y que sabías lo que era porque veías lo que hacían los vivos. ¿Te acuerdas?
PEPE: No debí escribirlo. Además, Juan era el que lo decía. Preferiría hablar de otra cosa.
CARMEN: Eso es una tontería, Pepe. Si no lo dices tú lo leo yo.
PEPE: «Me parece que todos están manchados, y en cuanto alcanzan a ver a un hombre puro, empiezan a correrle atrás para llenarle la túnica de manchas. La verdad es que yo, que quiero mucho a los hombres, vivo huyendo de ellos» **
LUCIA: Peor todavía y lo tienes escrito: *(Lee)*«Los hombres se encolerizan sordamente, al ver en otros la condición que no poseen» **
PEPE: *(Al público, sin leer).* «Los hombres no perdonan jamás a quienes se han visto obligados a admirar» «Al principio, por no parecer envidiosos, hacen como que te acatan; y como es de fuertes no temer, ponen un empeño decidido en

alabar al mismo a quien envidian, pero poco a poco, y sin decirse nada, reunidos por el encono común, van agrupándose, cuchicheando, haciendo revelaciones» **

CARMEN: *(A Pepe)* No te quepa la menor duda, porque después, en el templo masónico, un grupo de cubanos que estaban allí, a ex profeso, no te dejaron hablar...

(Pepe se pone una chaqueta negra, más formal)

LUCÍA: *(Al público).* Pero más tarde, sereno, elegante, sin mencionar una sola vez aquel incidente provocado por la envidia, se enfrentó a quienes lo habían agredido.

PEPE: *(Al público, un tanto en oratoria, pero moderada)* «¿Demostrar errores? ¿Censurar la locura de ir dividiendo en vez de juntar a los cubanos? Nunca. Nosotros somos la unión. Unimos lo que otros dividen. ¡Nosotros somos las reservas de la Patria!» **

CARMEN: *(Indignada).* ¿Lo oyes, Lucía? ¿Cómo es posible que un hombre inteligente como Pepe hubiera creído en la posibilidad de unir a todos los cubanos? ¿En qué cabeza cabe? *(A Pepe).* Ni Maceo, ni Gómez, ni todos esos próceres que se reunieron en Nueva York por aquellos años, sin contar oportunistas y politiqueros, creyeron en ti. Creían, en el mejor de los casos, que estabas equivocado. *(Al público)* No, yo no quería que él se sacrificara. ¿Para qué? El lo sabía, porque yo se lo había advertido. Y hasta eso se lo han reprochado. *(Gesto de Pepe. Carmen, volviéndose a Pepe).* Sí Pepe, no te asombres, porque no falta quien haya dicho que fue irresponsabilidad tuya dejarte matar en Dos Río.

LUCIA: Lo amábamos más, porque lo queríamos vivo. De esto no te quepa la menor duda.

CARMEN: *(Volviéndose al público).* Además, en aquel momento Pepe no era el Apóstol. Esto vino después, mucho después, muchos años después de muerto. Porque hasta eso se lo escatimaron y yo se lo dije mil veces. *(A Lucía).* Yo pensaba que Pepe estaba loco. *(A Pepe)* ¿No hubiera sido mejor que te hubieras quedado en Cuba, trabajando humildemente, cuidando a tu esposa y a tu hijo, en una paz hogareña que yo estaba dispuesta a darte? Y tu madre, con la que nunca me llevé bien, estaba en eso de acuerdo conmigo. *(Al público).* ¿O es que ella no lo amaba tampoco? Pero no quiso quedarse y yo no podía sacrificar a mi hijo.

PEPE: Hay madres que sacrifican a sus hijos... Maríana Grajales...

CARMEN: ¿No es eso monstruoso? ¿Enorgullecerse de traer un hijo al mundo para que le peguen un tiro?

PEPE: Por la independencia de Cuba.

CARMEN: Para que se aprovechen unos cuantos descarados. No, Pepe, conmigo no cuenten. *(A Pepe).* Además, si los otros no te comprendieron, ¿por qué pedirme a mí, que no sabía nada de política, que tanto mal nos ha hecho, un entendimiento que los demás no tenían?

PEPE: Porque tú te habías casado conmigo.

CARMEN: Yo te amaba. Era tu esposa y la madre de tu hijo. Yo velaba por tus intereses. No valieron explicaciones. Yo no quería que te sacrificaras y te mataran en Dos Ríos. Pero a lo mejor tenías otras cosas que hacer.

PEPE: Sabes perfectamente que desde que llegué a Nueva York no hice otra cosa que dedicarme a la causa cubana.

CARMEN: Y a otras causas.

PEPE: ¿Qué quieres decir?

CARMEN: Que eras incansable y tenías tiempo para todo. Un trabajador compulsivo que no conocía el descanso, ni escribiendo ni luchando por la libertad de Cuba. Pero también eras un hombre insaciable en el amor, un hedonista, que el trabajo era la única tregua que le daba al deseo. Te conozco como la palma de mi mano. También le dedicarías algún tiempo a tu querida.

LUCIA: ¿A quién?

CARMEN: A Carmen Miyares de Mantilla. Carmita, como todos le dicen cariñosamente. Porque a mí me han regateado el diminutivo.

PEPE: No la metas en este entierro, Carmen, porque ella no está en la novela.

LUCIA: Entonces yo no la conozco.

CARMEN: Nunca se sabe, porque los escritores nos meten en lo que escriben sin que nos demos cuenta.

CARMEN: A lo mejor ella también nos estaba escribiendo, a espaldas tuyas y a espaldas mías, porque era ella la que estaba con Pepe cuando escribía *Amistad funesta*, mientras servía tacitas de café, preparaba la cena, engañaba a su marido y tenía una hija con Pepe.

PEPE: Eso no es cierto.

CARMITA: *(Frenética).* ¿Cómo que no es cierto? ¿Irás a negarme que María Mantilla no era hija tuya? ¡Eso lo sabe todo el mundo!

PEPE: ¡No, no lo sabe todo el mundo! Lo que quieres manchar es la honra de Carmita.

CARMITA: ¿Cómo voy a manchar la honra de Carmita? La honra de Carmita la manchaste tú. No creas que esta es también una novela por entregas.

PEPE: No, Carmen, es una obra de teatro donde ustedes me han metido.

CARMEN: Como nos metiste tú en tu novela.

LUCIA: Realmente, no lo puedo creer. Un argumento así... Parece cosa de folletín. ¿Lo escribió Pepe?

CARMEN: Pepe escribió *Adúltera*, que era por el estilo. Pero lo peor del caso, es que lo vivió también.

PEPE: Hace muchos años contesté a esas insidiosas insinuaciones cuando le escribí una carta a Victoria Smith, en 1885, al enviudar Carmita, en la cual le decía que ni Carmita ni yo habíamos dado un solo paso del cual tuviéramos que avergonzarnos.

CARMITA: ¿Y te creyeron? Algunos historiadores han dicho todo lo contrario.
PEPE: No me irás a decir que te vas a poner ahora de parte de los historiadores, que según tú nunca están de acuerdo. Y en este caso tampoco, porque otros aseguran, y no soy yo el que lo digo, que María no era mi hija, sino la hija de Manuel Mantilla.
CARMEN: Tú y tus historiadores dirán lo que les de la gana, pero yo tengo los míos. *(A Lucía).* Imagínate mi situación, Lucía. Pepe se instaló en la pensión de los Mantilla en enero de 1880. A ella la conocí dos meses después, cuando llegué a Nueva York con el niño, y te advierto que no me causó mala impresión. No se vestía muy bien y era algo descuidada, poco presumida, pero no te diré que fuera fea. Me pareció que era una señora de su casa, decente, doméstica, nada del otro jueves.
PEPE: Sólo tuvo atenciones para contigo.
CARMEN: No lo niego. Muy amable y hasta cariñosa. Lo cual, entre paréntesis, no quiere decir nada, porque las apariencias engañan. Pero cuando volvía la cabeza...
PEPE: No viste nada porque Carmita no hizo nunca nada indebido
CARMEN: ¡Ay, Pepe, a una mujer no se le engaña tan fácilmente y no se le puede dar gato por liebre! Sin verlo, sin tenerlo que ver, cuando volvía la cabeza, yo sabía que él y ella se estaban mirando.
PEPE: ¡Ni que fuéramos ciegos!
CARMEN: Te advierto que yo tampoco lo era.
LUCIA: Ni yo, porque con Sol sufrí lo mismo y eso me llevó hasta la locura.
CARMEN: *(A Lucía)* Yo siempre he sido celosa, no te lo voy a negar, y con mis celos él pudo escribir los tuyos.
LUCIA: Si yo no podía aceptar que Juan mirara a Sol, Pepe me escribió así porque él sabía que tú no podías aceptar

que él mirara a Carmen Miyares. O a quien fuera, que para el caso es lo mismo.

CARMEN: ¿Cómo iba a ser posible que un hombre que a los dieciocho años volvió loca de amor a una madrileña, al que las mujeres le caían atrás, que hizo morir de amor a una chiquilla guatemalteca y que fue mi propia perdición según dicen las malas lenguas, no enloqueciera a una mujer que tenía una vida gris en una casa de huéspedes newyorkina? ¿Crees tú realmente que Carmen Miyares hubiera podido resistírsele? ¿Quién era ella para resistir la seducción de Pepe y quién era Pepe para mantenerse en ayuno y abstinencia?

PEPE: Acabarás diciendo que yo era un libertino.

CARMEN: No, no digo eso. Pero ¿cómo es posible que muchos metan la mano en la candela por esa mujer y que a mí me injurien del modo que lo han hecho? En fin, exactamente, lo que se dice exactamente, yo no sé cuando empezó la cosa, pero no estaba mal encaminada cuando volví a Nueva York diez años después. *(A Lucía)* Las mujeres tenemos un sexto sentido para esas cosas, y aunque no puedo asegurártelo, desde que la vi me dio algo así como una mala espina, como si un ave negra se me posara en el corazón.

LUCIA: No me lo tienes que explicar, porque yo soy los celos. *(A Pepe).* Y por eso me has llevado al crimen y al castigo.

PEPE: Era yo el único que podía escribirte porque conocía los celos de una mujer que quería verme ciego para que no pudiera amar lo que veía. Te escribía con los celos de Carmen, que como tú, se celaba de su propia sombra.

CARMEN: *(A Lucía).* Tú querías a Juan ciego, sordo, mudo, sólo para ti. ¿Cómo iba Pepe a poder inventarte si no me hubiera conocido? *(A Pepe).* Te escribí cartas en que te pedía, te suplicaba...

PEPE: Y me acusabas también. Eran las cartas de una mujer resentida, implacable, que no podía escapar del laberinto de los celos.

UN OBJETO DE DESEO

CARMEN: Yo te lo dije: *(Leyendo una carta))* «Te estás matando por un ideal fantástico y estás descuidando sagrados deberes» *** Yo tenía razón, aunque no quieras dar tu brazo a torcer. *(Transición, rápida).* ¿Has vuelto a tu país? ¿Has visto lo que han hecho? ¿De qué valió tu lucha por la libertad cuando ahora somos más esclavos que nunca? Si resucitaras y quisieras unir a todos los cubanos, pero discreparas de lo que dicen unos u otros, como cuando no querías ir a la guerra porque no te parecía el momento oportuno, te llamarían traidor y levantarías las sospechas de todos. Los cubanos, Pepe, no han cambiado nada ni aprendido la lección. Si hoy estuvieras vivo y luchando en la emigración (el exilio, la diáspora, como le dicen ahora) para derrocar la tiranía que hay en tu patria, te harían trizas y dirían horrores de ti, como hicieron contigo cuando luchaste por la independencia de Cuba, que tantos dolores de cabeza te dió. No te dejaron en paz hasta que te sacrificaste en Dos Ríos. De estar vivo, los mismos que se dan golpes de pecho al mencionar tu nombre, serían los primeros en hacerte pedacitos. No me cabe la menor duda *(Leyendo de una carta).* «Nunca se manchó ningún hombre por volver a su tierra esclava ante la necesidad urgentísima de vestir a su mujer y a su hijo, y saber con qué curar sus enfermedades y enterrarlos si se mueren.» ***
PEPE: Fuiste implacable. Lee, lee lo que dijiste después.
CARMEN:*(Transición. Airada, agresiva, acusadora)* «Si es bueno lo que haces, sea por Dios; si es malo, no olvides tu conciencia» ***
PEPE: Era un puñal... *(Como si se desplomara).* Me sentía como si ya me hubieran matado en Dos Ríos.
CARMEN: *(Tras una larga pausa, recuperándose, a Lucía, más bien en tono chismográfico)* Lo cierto es que en octubre yo regresé a Cuba con Pepito y en noviembre la Mantilla tuvo una niña, María, de la que Pepe fue padrino, y esa niña se la achacan a Pepe. ¿Te imaginas mi humillación?

35

Porque si este es el caso, Pepe se estaba acostando con las dos al mismo tiempo, bajo el mismo techo y no muy lejos de la habitación donde dormía su marido. Saberlo del todo, no lo sabía. Pero cuando la vi en estado... Ponte en mi lugar... Tuve que irme... Mi vida se convirtió en un infierno... Además, si es posible que yo no entendiera a Pepe, mucho menos podía entenderme él a mí, porque mi causa era la de nuestro hijo.

PEPE: *(A Carmen)* Que me quitaste, que te llevaste de Nueva York como un ladrón que toma lo que no es suyo, haciendo uso de los ardides del enemigo.

CARMEN: Porque era lo único que tenía.

PEPE: Jugabas con él como si fuera una ficha en un tablero.

CARMEN: No sé como pude hacerlo, porque tú eras mejor ajedrecista. Cuando volví a Nueva York por última vez, no hice más que confirmar lo que en el fondo ya sabía. Pero tal vez quería engañarme. O hacer un último esfuerzo para ver si ganaba la partida.

PEPE: La ganaste, porque te fuiste con lo que más quería.

«¡El para mí es corona,
Almohada, espuela!
Y como el sol, quebrando
Las nubes negras,
En bandas de colores
La sombra trueca» ***

CARMEN: Era lo único tuyo con lo que podía quedarme.

PEPE: Espantado de todo, me refugiaba en él. Sabías que estabas enterrando el puñal hasta el puño y por eso fuiste a ver, nada más y nada menos que al cónsul español, pera llevártelo para Cuba. ¡Sabe Dios las infamias que le dijiste! Viniste con el niño, para chantajearme con mi Ismaelillo.

CARMEN: ¿Con tu Ismaelillo? ¿Y la foto de María que llevabas en el pecho cuando te mataron en Dos Ríos? A ella nunca la abandonaste.

PEPE: No los abandoné cuando di mi vida por Cuba en Dos Ríos. Lo hice para darles una patria libre.

CARMEN: Podrías haber elegido a tu hijo legítimo y no a la que había sido el resultado de tu adulterio. Si hubieras roto los lazos que te unían a esa mujer, es posible que yo hubiera vuelto contigo.

PEPE: No podía, porque ella me apoyó cuando tú me diste la espalda. No pedía nada y lo daba todo. Daba y no tenía. No tenía que ser suyo. No quería cegarme para que yo no mirara aquello que era digno de amor y no se interponía entre mi destino y Cuba.

CARMEN: Era la mujer doméstica, la silenciosa tejedora de tu muerte. Aunque no lo quieras reconocer, yo era el hilo de tu salvación. Si me hubieras seguido, no habrías muerto en Dos Rios.

PEPE: Yo tenía que elegir.

CARMEN: Y yo también.

PEPE: La muerte

CARMEN: O la vida.

PEPE: *(Transición rápida, acusador también)*
   «He visto vivir a un hombre
   Con el puñal al costado,
   Sin decir jamás el nombre
   De aquella que lo ha matado» **

CARMEN: ¡Eso no es cierto!

PEPE: *(Implacable)*
   «¿Qué importa que tu puñal
   Se me clave en el riñón?
   ¡Tengo mis versos, que son,
   Más fuertes que tu puñal!» **

CARMEN: Sería otra mujer, Pepe. Alguna de esas con la que estarías retozando en la playa y andarían besándose como si fueran pajaritos, mientras yo estaba en Camagüey pasando necesidades y cuidando a tu hijo.

PEPE: He vivido en un baile de máscaras.

(Transición abrupta. De pronto, Lucia y Carmen toman a Pepe por su cuenta, le vendan los ojos y juegan con él como si fuera a la gallina ciega. Como no ve, muestra inseguridad, va a tientas. Tropieza. Juego siniestro entre los tres. Ellas funcionarán a niveles de un aquelarre goyesco, en interacción física con Pepe y sus versos. Los versos se deben ver en sentido coreográfico, con una distorsión grotesca, expresionista, esperpéntica. Cambio de tono en el desarrollo de la acción. Esta secuencia se puede hacer con aire carnavalesco, con antifaces de mano y carácter pantomímico. Música de fondo. Sentido danzario, coreográfico. Pepe generalmente está en serio, víctima de una pesadilla expresionista creada por Lucía y Carmen. Esta es una secuencia alucinada y surrealista, un todo vale.)

PEPE:	«Estoy en el baile extraño
	De polaina y casaquín
	Que dan, del año hacia el fin,
	Los cazadores del año.
LUCIA:	Una duquesa violeta
	Va con un frac colorado;
CARMEN:	Marca un vizconde pintado
	El tiempo en la pandereta.
PEPE:	Y pasan los chupas rojas
	Pasan los tules de fuego,
	Como delante de un ciego
	Pasan volando las hojas» **

(Transición muy rápida. Cambio del carácter dramático del texto, hacia un efecto paródico distorsionador. Parece un juego burlón para mortificar a Pepe..)

LUCIA: «Mi amor del aire se azora.
  Eva es rubia, falsa es Eva:
  Viene una nube, y se lleva
  Mi amor que gime y que llora» **
CARMEN: *(Jugando también)*
  «Se lleva mi amor que llora
  Esa nube que se va:
  Eva me ha sido traidora:
  ¡Eva me consolará!» **
PEPE: *(Cambiando el tono; agresivo)*
  «El alma lúgubre grita
  «¡Mujer, maldita mujer!»
  ¡No sé yo quién pueda ser
  Entre las dos la maldita!» **
CARMEN: *(Riendo, dándole una vuelta a Pepe)* ¡Quién sabe!
LUCIA: *(Riendo, dándole otra vuelta)* ¡Ve tú a saber!
CARMEN: «Es rubia: el cabello suelto
  Da más luz al ojo moro:
  Voy, desde entonces, envuelto
  En torbellino de oro» **
LUCIA: *(Riendo, con un mohín, ante un espejo imaginario)* ¡Rubia no soy!
CARMEN: *(Juego parecido)* ¡Ni yo tampoco!
PEPE: *(Transición, como si fuera a entrar en el juego de las mujeres. A Carmen, amoroso casi).*
  «¡Ya sé: de carne se puede
  Hacer una flor: se puede,
  Con el poder del cariño
  Hacer un cielo —¡y un niño!»**

(Transición rápida, a otro tono, con desprecio, violencia, dureza, quitándole al texto toda condición lírica)

«De carne se hace también
El alacrán; y también
El gusano de la rosa,
Y la lechuza espantosa.» **
CARMEN: ¡Basta, Pepe! ¡No sigas!
PEPE: *(Enfrentándosele).*
«Aquí está el pecho, mujer,
Que ya sé que lo herirás;
¡Más grande debiera ser,
Para que lo hirieses más!» **
(Volviéndose, alejándose)
«Porque noto, alma torcida,
Que en mi pecho milagroso,
Mientras más honda es la herida,
Es mi canto más hermoso» **

(Agotadas por el «baile» de máscaras, Carmen y Lucía se sientan en las butacas. Tono coloquial).

LUCIA: *(Con un gesto desdeñoso).* No, no, ese no es Juan Jerez.

CARMEN: *(Sentándose en la otra butaca).* ¿Te das cuenta? Porque la del puñal bien hubiera podido ser cualquier otra; pero, claro, yo siempre he sido la oveja negra en la vida de Pepe. No te puedes imaginar los enemigos que tengo. Ahora, todavía, más de un siglo después. *(A Lucía).* Todo lo que te diga es poco. La vida es así.

LUCIA: ¿La vida es así? No te creas, Carmen, que la ficción es mucho mejor. Tú no sabes lo que es ser un personaje de novela, vapuleado de un lado a otro, metida en el vórtice de la locura, en una confusión de sentimientos que me despedazaba. Yo quería a Juan para mí sola.

CARMEN: Así yo quería a Pepe. Pero Pepe no iba a permitírmelo. Por eso te separó de Juan y te hizo cometer un crimen.

PEPE: *(Entrando, sonriente, coloquial, a Lucía).* No le hagas caso. Carmen está inventando todo esto.
CARMEN: ¿Inventándolo yo? Yo no he inventado nada. A mí me han inventado todos los demás. Porque yo también, Lucía, soy un personaje de novela.
PEPE: *(Irónico).* Sin contar que ahora te has metido en el teatro. Como le pasa a todo el mundo.
CARMEN: «Adúltera»
LUCIA: «Amor con amor se paga»
CARMEN: «Abdala»
PEPE: *(Enfático)* «Patria y Libertad»
LUCIA: *(Irónica).* Todo un repertorio
PEPE: A mí me han inventado de mil modos y maneras. ¿Crees que ha sido fácil para mí cargar con un siglo de invenciones? Ahora mismo, en este momento, se está diciendo lo que era o dejé de ser. Lo que hice o dejé de hacer. Haciendo pública una vida íntima que nadie conoció ni podrán conocer» * *(Tomando un libro: «La narrativa cubana entre la memoria y el olvido», para ser exactos).* Mira lo que están diciendo de *Lucía Jerez.*
LUCIA: ¿De mí?
PEPE: No, de lo que yo escribí. «La novela nos parece esencial para comprender la teoría erótica de José Martí y la complejidad de las relaciones entre los sexos, particularmente enfocando la atención en la protagonista» * *(Pasándole el libro a Carmen).*
LUCIA: ¿En mí?
CARMEN: *(Leyendo).* «Para hacerlo, en un proceso donde oculta y descubre la complejidad de la misma, coloca Martí el eros masculino, representado por Juan Jerez, como objeto de deseo de dos figuras femeninas...» *
LUCIA: ¿Nosotras?
CARMEN: No exactamente. No te olvides de Sol y La Niña de Guatemala. Pepe no se conformaba con tan poca

cosa. Tú y yo, recuerda, somos la misma persona. Una en la novela y la otra en la vida real.

PEPE: Que viene a ser lo mismo.

LUCIA: *(De pie, leyendo; movimiento circular entre ellos. Las lecturas deben ser vistas como una especie de contradanza intelectual)* «...Lucía y Sol crean un triángulo pasional que termina en tragedia. Juan Jerez, a pesar de ser un hombre, es el objeto de deseo de dos activas femeninas, una agresiva, la de Lucía, y otra pasiva, la de Sol.»* *(A Pepe).* ¿Qué te parece? *(Pasándole el libro, irónica).* No te puedes quejar.

PEPE: *(Leyendo).* «Lucía usa técnicas de dominio que rompen con el canon de la actuación femenina, mientras que Sol mantiene su posición pasiva, acorde con la norma. Si la primera quiere poseer a Juan, la segunda prefiere que Juan la posea, para ganar la partida»*

CARMEN: *(Se acerca a Pepe).* ¿No es cierto? Esto lo debes saber tú mejor que nosotras.

PEPE: Al contrario, esto lo deben saber ustedes mucho mejor que yo.

LUCIA: *(Como si Pepe no estuviera allí, a Carmen).* Pero, ¿qué tenía en mi contra? ¿Por qué me trató de esa manera, con los gestos, actitudes, manierismos de una histérica?

CARMEN: Porque me odiaba.

LUCIA: Pero yo no le había hecho nada. No es justo que yo viniera a pagar los platos rotos.

CARMEN: Convéncete. Era a mí a quien estaba escribiendo. Además, te escribió en muy poco tiempo. De un tirón, digo yo. En siete días. Como las cosas le venían a la cabeza. Una novela por entregas. Le habían puesto determinadas condiciones y necesitaba el dinero. *(A Pepe).* Debiste tener más cuidado. Hay cosas, Pepe, que nunca deben decirse.

PEPE: Eso dicen los censores.

CARMEN: Eso dice el sentido común. Si me hubieras dado a leer el manuscrito...

PEPE: Pero tú estabas en La Habana y yo en Nueva York.
CARMEN: Sí, es cierto.
PEPE: Si no te hubieras ido quizás las cosas hubieran sido diferentes.
CARMEN: Estaba mi hijo. Una madre siempre tiene ciertas obligaciones.
PEPE: Yo también las tenía.
CARMEN: Sí, un padre también.
PEPE: Las tenía con Cuba. De todos modos, la escribí, precisamente, para cumplir con mis obligaciones. Mi situación económica era muy difícil y si no te enviaba más dinero era porque no lo tenía. Siempre que lo tuve te lo mandé. La novela fue engendrada en horas de penuria y no tenía otra guía que mi conciencia, mi fe inquebrantable por la libertad de Cuba. Estaba en medio de la mayor desolación y muchos me dieron la espalda. Pero no podía claudicar. *(Pausa)*. Claro, ustedes no entienden nada de esto. *(Pausa)* Tenía que escribir cualquier cosa para salir de aprietos. Y para no volverme loco. Y de ahí surgieron ustedes.
CARMEN: Tú nunca escribiste cualquier cosa.
PEPE: *(Agitado)*. Fueron siete días que ahora ustedes están convirtiendo en mi pesadilla. Por una semana me interné en otro mundo.
LUCIA: Y sin embargo, empezaste a inventar otras intrigas, las que me hicieron sufrir a mí. Porque me hiciste mucho daño.
PEPE: No fue mi intención. Nunca me imaginé que le iban a prestar mucha atención a algo que escribí así, un poco al descuido.
CARMEN: Se la han prestado al cabo del tiempo. Como a todo lo tuyo.
PEPE: La novela estuvo a punto de perderse y si no hubiera sido por Gonzalo de Quesada, que encontró unas páginas sueltas de «El Latino-Americano» no quedaría nada, porque

esos números prácticamente han desaparecido. Sin contar que la escribí con un seudónimo.
LUCIA: *(Leyendo)* «Había de haber mucho amor; alguna muerte; muchas muchachas, ninguna pasión pecaminosa...» **
CARMEN: *(Irónica).* ¿Ninguna pasión pecaminosa?
PEPE: *(A Carmen)* ¿Crees tú que bajo tales restricciones lo iba a tomar en serio?
CARMEN: Precisamente.Salía de tu subconsciente.
PEPE: ¡Qué marisabidilla te has vuelto!
LUCIA: *(A Pepe).* Siempre pensaste que era una ignorante.
PEPE: Jamás he dicho eso.
CARMEN: Pero sabemos leer. Bien sé todo lo que se ha escrito sobre ti. Después de cien años estoy mejor documentada que antes. El tiempo no pasa en vano. Ni entre los muertos.
LUCIA: O las criaturas de ficción. *(A Pepe).* Nos presentaste como unas muchachas inconscientes y frívolas tomando chocolate.
PEPE: Jamás menosprecié tu inteligencia, Lucía. Y bien sabes que tú tienes el papel principal en la novela.
CARMEN: A pesar tuyo.
LUCIA: *(Soliviantada).* Porque me impuse. Porque salí de entre los renglones, apareciendo cuando menos te lo esperabas.
PEPE: Sí, en eso tienes razón, porque hasta en eso eras dominante. No me dejabas ni a sol ni a sombra. Recuerda que primero la llamé *Amistad funesta* y después le di tu nombre, *Lucía Jerez*.
LUCIA: *(Protagónica).* Era la protagonista. Lo menos que podías haber hecho. *(A Pepe).* Pero hubieras querido que fuera Sol.
CARMEN: Pero no le salía.
LUCIA: Es cierto que tocaba el piano, pero no es menos cierto que no sabía nada de nada.
PEPE: *(Auténtico).* Era muy linda.
LUCIA: *(Irónica).* ¡La belleza personificada!

PEPE: *(En serio).* Una heroína modernista.
CARMEN: ¡Qué tontería! De no ser por mí no hubieras dicho nada nuevo
LUCIA: Por mí, querrás decir.
CARMEN: Te salió una mujer de armas tomar. Una mujer moderna que quería elegir y no ser la elegida. Estabas entre la una y la otra y no sabías por cual decidirte, porque a Lucía le tenías miedo.
LUCIA: ¿Cómo era posible que me tuviera miedo?
CARMEN: Pepe era un hombre con experiencia, que sabía bien donde estaba el peligro. *(A Pepe).* Quizás, en el fondo, esas son las mujeres que a ti te gustan.
PEPE: Eran exigencias editoriales que tenía que cumplir. Por eso empecé con la escena bajo las magnolias.
CARMEN: *(Con cierta ironía).* Ana y Adela, unas muchachitas modelos debajo de una magnolia tomando el chocolate. Después, Sol, espléndida y luminosa. *(A Lucía).* Claro, tú eras la oveja negra.
LUCIA: Se ensañó conmigo.
CARMEN: Se ensañaba con las dos. *(A Lucía).* Y después te puso una pistola en la mano.
LUCIA: Bien pudo haberle puesto la pistola a Juan, para que acabara conmigo.
CARMEN: *(A Pepe).* Jamás hubiera hecho tal cosa, porque Juan era hombre y hubiera aparecido como el asesino. Los hombres, además, se tapan las faltas unos a otros.
LUCIA: Como es natural, todo el mundo me ha detestado.
CARMEN: Ese era su objetivo, porque era a mí a quien estaba escribiendo. Me detestaba de tal modo que era yo la que salía de su cabeza como si fuera un monstruo.
PEPE: *(Inclinándose, al oído de Carmen, sentada, con muy mala intención, pero proyectando lo que le cuenta hacia el público)* «Sobre una colina voy a pintar un monstruo sentado. Pondré la luna en cénit para que caiga de lleno sobre el

45

lomo del monstruo. Y mientras la luna le acaricia el lomo, y se ve por contraste del perfil luminoso de la luna toda la negrura de su cuerpo, el monstruo, con cabeza de mujer, estará devorando rosas» **

LUCIA: *(Levantándose de la butaca, ya que en este momento debe estar sentada).* ¡Esto es morboso!

CARMEN: No me irás a decir que esas fueron exigencias editoriales.

PEPE: *(Amenazador, acercándose a Lucía, asustándola).* «Allá por un rincón se verán jóvenes flacas y desmelenadas que huyen, con las túnicas rotas, levantando las manos al cielo» ** *(Se aleja).*

LUCIA: *(Corriendo hacia donde está Carmen, echándose en sus brazos)* ¿Por qué escribiría eso? ¡No entiendo! ¡No entiendo!

CARMEN: *(A Lucía).* Mi tortura es más grande que la tuya, porque la tuya es la mía y es como si la viviera una y otra vez. A mí, Lucía, me puso el puñal y a ti te puso la pistola en la mano.

LUCIA: Vivir la infamia encerrada en un libro, en unas pocas páginas de las cuales uno no puede salir... Es un escarnio que vuelve una y otra vez sobre uno mismo.

CARMEN: Bueno, tal vez a mí me escribieron también en muy poco tiempo. La vida nos escribe de un tirón y después no tenemos tiempo para arrepentirnos. Y no se puede borrar nada.

LUCIA: Cualquiera que fueran sus razones, esto no justifica lo que dijo de mí. *(Leyendo, muy irritada. Lucía y Carmen dan vueltas una alrededor de la otra)* «Lucía, robusta y profunda, que no llevaba flores en su vestido de seda carmesí, porque no se conoce en los jardines la flor que a ella le gustaba: «¡la flor negra!» ** *(Transición).* Y eso desde la primera página. Como es natural, ¿quién iba a tenerme simpatía? Una mujer celosa, implacable, que arranca sin piedad una

camelia blanca y roe las hojas con los dientes. ¿Dónde se ha visto eso?
CARMEN: No eras tú: era yo. Ya te lo dije.
LUCIA:*(Leyendo.)*. «Lucía, como una flor que el sol encorva sobre su tallo débil cuando esplende en todo su fuego el mediodía; que como toda naturaleza subyugadora necesita ser subyugada; que de un modo confuso e impaciente, amaba lo extraordinario y poderoso, y gustaba de los caballos desalados, de los ascensos por la montaña, de las noches de tempestad y de los troncos abatidos...» ** *(A Carmen)* ¿Me has leído? ¿No es esto una locura?
CARMEN: Me he leído una y otra vez. *(Leyendo).* «Lucía, en quien un deseo se clavaba como en los peces se clavan los anzuelos... de tener que renunciar a alguno... quedaba rota y sangrando... como queda la carne del pez cuando se le arranca el anzuelo» **.
LUCIA: Eso es monstruoso.
CARMEN: No te imaginas lo brutal que podía ser Pepe.
LUCIA: Lo sé mejor que nadie. Era como... como si me hiciera nacer con odio...
CARMEN: *(Leyendo).* «Lucía, demudado el rostro y temblándole en las pestañas las lágrimas, estaba de pie, erguida con singular firmeza, junto a la verja dorada, clavando en Juan sus dos ojos imperiosos y negros.» **
LUCIA: *(Leyendo, en torno a Carmen)* «Arrancó sin piedad de su tallo lustroso una camelia blanca y volvió silenciosa a su mecedora, royéndole las hojas con los dientes.» **
CARMEN: *(Enfrentándose a Lucía, como su espejo).* Dos ojos llameantes, como dos amenazas. Celosa, implacable, posesiva, masticando camelias.
LUCIA: *(Enfrentándose a Carmen, como su espejo).* Encorvada, confusa, impaciente, recelosa. La mano fría, colérica. Las pasiones culebreándole en el pecho como si fuera lava ardiente... *(Volviéndose a Pepe).* ¿No te dabas cuenta del

amor que te teníamos? ¿Cómo es posible que amándote tanto dijeras esas cosas de mí?

PEPE: *(Por su cuenta, desesperado)* «Aquí estoy, solo estoy, despedazado. Ruge el cielo; las nubes se aglomeran, Y aprietan y ennegrecen, y desgajan... Máscara soy, mentira soy, decía...» **

(Pepe sale de escena)

CARMEN: Sufría. Tenemos que reconocerlo.

LUCIA: Algo le estaba pasando que le hacía escribir estas cosa.

CARMEN: Hasta yo he llegado a pensarlo. De lo contrario nunca te hubiera podido escribir de tal modo.

LUCIA: Yo no sé si su sufrimiento puede arrancarme el mío, Carmen.

CARMEN: Era demasiado complicado para mí.

LUCIA: Tal vez para todos.

CARMEN: Las consecuencias han sido terribles.

LUCIA: Los críticos me han maltratado, sin comprender para nada el amor que yo sentía.

CARMEN: ¿Los críticos? Eso no es nada. Por lo menos a ti, ahora, te han estado revalorizando. Te tratan como si fueras de carne y hueso. Dicen que al asumir el inconsciente martiano eres un personaje que se le escapa al autor investido de un misterioso poder porque rehúsa quedarse en su sitio.

LUCIA. ¿Y es eso positivo?

CARMEN: ¡Naturalmente! *(En la otra butaca. En tono coloquial).* A la larga has tenido suerte. No te puedes imaginar las calumnias que levantan los historiadores. A mí no me han dado tregua. Se sacan a relucir cartas, papeles, y se ponen a sacar los trapos sucios como si fueran unas verduleras. No me han perdonado nada. *(Muy herida)* No tienes ni idea de las humillaciones, los desaires, todo lo que he tenido que pasar, como si fuera yo la que estuvo en falta, mientras para con la otra, con la que no estaba casado, la adúltera...

LUCIA: Pero eso es una injusticia...

CARMEN: Es lo que digo yo, y ustedes *(volviéndose al público)* tienen que comprender las circunstancias en que me encontraba. *(A Lucía)* Para con ella, Carmita, toda clase de atenciones, delicadezas, como si fuera la mujer de su vida. Pero te advierto, también de Pepe se han dicho cosas que no te voy a contar. Habladurías, naturalmente, y espero que él ni siquiera se haya enterado. No quiero entrar en el cotilleo, pero el propio Pepe dió tela por donde cortar.

LUCIA: ¿A qué te refieres?

CARMEN: No, no, no debo mencionar el asunto, porque a lo mejor Pepe nos está oyendo.

LUCIA: Si acabaras de decir...

CARMEN: ¡No, no, de ninguna manera! No creo que estés preparada para escuchar algo semejante. Además, piensa en el público. Son cosas de la vida de Pepe de las que prefiero no hablar, que tal vez dejaremos para el segundo acto y así mantener el «suspense». *(Mirando al público).* Porque a ellos también les gusta el chisme.

LUCIA: Me lo podrías decir al oído, sin que nadie lo oiga.

CARMEN: Pero si nadie lo oye no tiene sentido que lo diga. ¡Una obra de teatro donde el público no oye lo que hablan los personajes! Puede que oigan y no entiendan, pero eso es otra cosa. Bueno, doblemos la página. Te lo diré después, cuando esté segura que Pepe no pueda escucharnos. Sin contar lo que dice ese señor que nos está escribiendo. ¡El abogado del diablo, que somos nosotras!

LUCIA: No le arriendo la ganancia.

CARMEN: Ni yo tampoco. Porque Pepe es intocable. Desde que dieron por llamarle El Apóstol, que, por cierto,

bastante trabajo le costó, porque al principio se lo regatearon, el que se mete con él va muy mal encaminado.
LUCIA: Nadie escarmienta en cabeza ajena.
CARMEN: Le arrancarán la tira del pellejo. Como al pobre Pepe. En cuanto a Juan... Bueno, sigue leyendo.
LUCIA: *(Leyendo, en círculo).* «Juan no es el domador que Lucía necesita, y es posible que ni el propio Martí, bajo el hechizo de Sol, entendiera la modernidad de su heroína, una George Sand con faldas.» *
CARMEN: *(Leyendo, de pie, alrededor de Lucía).* «Claro está que, por otra parte, Juan Jerez retrocede ante esa mujer donde las líneas entre lo femenino y lo masculino desconciertan, dominada por el negro, el luto, que quiere succionarlo, metérselo dentro.» *(Al público)* Y no les leo la oración que sigue porque es más fuerte de la cuenta. Ya se pueden imaginar...
LUCIA:*(Leyendo, al público, engreída)* «La incógnita de Lucía Jerez es la mayor incógnita de la novela.» *
CARMEN: *(Leyendo, al público)* «Es un personaje desconcertante, voluntarioso, inexplicable, donde Martí crea una mujer que rompe el molde dentro de su propia concepción idílica de lo femenino, apuntando hacia otra mujer, la escondida en el desván.» *
LUCIA: ¿En el desván?
CARMEN: Lo que oyes. A las mujeres nos metían en el desván para que no asomáramos la cabeza y los hombres pudieran hacer de las suyas. Pero no te asustes, Lucía. Ahora somos nosotras las que los metemos a ellos. *(Sigue leyendo)* «Cae en los términos muy fin de siglo diecinueve de la mujer vista como una histérica destinada al pabellón siquiátrico y crea la heroína de una novela moderna que descubre otra clase de mujer.» *
LUCIA: ¿Otra clase de mujer?

CARMEN: Sí, sí, eso mismo. Una mujer nueva, independiente y agresiva. No te puedes quejar, porque te han puesto al día. Todo esto han dicho de ti. Y de mí, por la parte que me toca.
LUCIA: No creo que Pepe estuviera pensando eso.
CARMEN: Si lo pensó o dejo de pensar, eso no importa. Saliste así. Te le escapaste de las manos. Además, a lo mejor, me pensaba.
LUCIA: Eso está muy bonito, Carmen. Pero tengo que hacerle frente a la realidad. En la novela, Juan quería a Sol. No creo que me quisiera a mí. Y por extensión, en la vida real, Pepe no te quería a ti tampoco.
CARMEN: Creía querer a Sol porque no representaba ningún peligro.
LUCIA: ¿Y qué peligro podría representar yo, que lo adoraba con el alma?
CARMEN: El mismo que yo. Nos quería a nosotras, pero no se atrevía a confesárselo. Eramos lo que no podía aceptar: la mujer a la que él le tenía miedo.
LUCIA: Esas son invenciones tuyas
CARMEN: Tan válidas como todas las demás. Que si era así o que si era de otro modo. Que si amaba a una y no le gustaba la otra. Que si la rubia que si la morena. Que si esto que si lo otro. En fin, biógrafos que dan... ¿cómo dijeron?... minucias... anécdotas inventadas... pecadillos eróticos... Pepe es, Lucía, el gran personaje ausente de todos los cubanos y cada cual lo pinta con los colores de su propia paleta. No veo por qué yo no pueda hacer lo mismo, sin contar que tengo conocimiento de causa.
LUCIA: Juan Jerez no era tan complicado.
CARMEN: Sería transparente, pero Pepe era un hombre muy complejo. Los hombres, después de todo, son tan complicados como las mujeres.
LUCIA: No entiendo.

CARMEN: Ni yo tampoco.
LUCIA: Pero después de todo, yo no soy nadie.
CARMEN: O lo eres todo.
LUCIA: Un ente de ficción.
CARMEN: Una mujer hecha con los retazos de todas las demás.
LUCIA: Eso no tiene la menor gracia. Yo sólo quería tenerlo.
CARMEN: Hacerlo mío.
LUCIA: Para que no fuera de las otras.
CARMEN: De nada ni de nadie. Para que no diera su vida por Cuba, que me lo quitaba.
LUCIA: Esas son palabras mayores.
CARMEN: Bien caro me han costado.
LUCIA: Pero Sol...
CARMEN: No hacía nada. Brillaba pero no metía miedo. Nosotras éramos la noche, Lucía. Como La Madrileña, que debió volverlo loco.
LUCIA: ¿La Madrileña?
CARMEN: Una mujer que conoció en Madrid cuando apenas tenía dieciocho años. Debieron ser amores apasionados. Pero de alguna manera, aquello se acabó. Y él debió querer que se acabara, porque no contestaba las cartas que ella le mandaba.
LUCIA: ¿Hay cartas?
CARMEN: Claro que las hay. Y las han dado a la luz pública. Aquí las tienes. *(Tira unos papeles sobre la mesita).* Una mujerzuela, claro, una cualquier cosa. Sin clase, muy desfachatada. Y sin embargo, la entiendo, porque también es como si hablara yo.
LUCIA: *(Tomando una de las cartas, leyendo, de pie).* «No quiero exclamar ahora como todas las mujeres dicen en ocasión semejante. Para ellas todos los hombres son iguales; pero no, tú no eras igual a ninguno, para mí tú solo eras mi

idolatrado Pepe, mi vida, la vida de mi existencia, la vida de mi alma» ***

CARMEN: *(Gesto parecido, tomando otra carta)* «¡Ah, Pepe de mi vida! Me muero, ¡y lo que solo siento es no verte, no volver a verte más!» *** *(Displicente, tira la carta)* ¡Le escribía como si estuviera cantando una zarzuela!

LUCIA: Calla, no sigas, ¡qué cosas se te ocurren!, pero eso no tiene nada de gracioso, porque yo sentía lo mismo: padecía de amarle y lo quería irrevocablemente; cada vez que nos separábamos los ojos se me llenaban de ira y de lágrimas.

LUCIA: Nos estaba escribiendo. La Madrileña también quería hacerlo suyo.

CARMEN: Como todas las demás.

LUCIA: Eramos ellas.

(Carmen y Lucía asedian a Pepe, que gradualmente ha vuelto a escena y se ha movido hacia el centro del escenario. En este momento él las rehuye, pero ellas lo retienen. La dirección puede resolver el montaje de esta secuencia como estime conveniente, pero cualquiera que sea la solución, lo que tiene lugar es el asedio corporal de Pepe por las dos mujeres, en una categoría de infierno sartreano, sin salida. Quizás una solución física, vapuleando a Pepe de un lado para otro. Lectura muy parcial de las cartas, que no deben interferir con el acoso).

CARMEN: No sé que pensaría Pepe, que escribía tan bien, porque las cartas de La Madrileña estaban llenas de faltas de ortografía.

LUCIA: Posiblemente no le dio demasiada importancia.

CARMEN: *(Tomando otra carta, de la que sólo lee una oración, para después dirigirse a Pepe. Lee la primera oración y sigue sin leer).* «Tú serás capaz de conformarte con que yo no te ame. Tú serás capaz de pensar con calma en que yo bese otra boca que no sea la tuya. ¿Tú crees que yo no tiemblo de pensar que mujer alguna, aún después de muerta yo, se permita quererte, besarte y besar tu frente que yo quiero tanto...?» ***

LUCIA: Era yo. Un día, cuando Juan me dijo que quería irse a Granada y a Nápoles, yo le tapé los ojos y le dije *(Lucía le tapa los ojos a Pepe, sin leer)*: «Yo no quiero que tú veas nada, Juan. Yo haré en ese cuarto la Alhambra, y en ese patio Nápoles, y tapiaré las puertas. Tú y yo solos; tú y yo ciegos para sentirnos el uno al otro solamente.» ** *(Pepe se deshace de Lucía).* Ana y Adela se rieron, pero todo iba en serio.

CARMEN: *(Reteniendo a Pepe, que Lucía ha dejado, con otra carta en la mano, que no lee.. El juego se repite)* «Perdóname, Pepe, perdóname que yo esté loca, y yo no tenga la culpa de que mi alma haya formado su existencia en la tuya.» ***

LUCIA: *(Tomando otra carta de La Madrileña)* «En vano será tu empeño y tu silencio, es inútil todo lo que intentes para arrancarme de ti» *** *(Le pasa la carta a Carmen)*

CARMEN: *(Mayormente sin leer).* «Yo no acierto a pensar como lo conseguirás, ni el amor propio ni el indecible tormento de lo imposible, ni la brusquedad de tu conducta, ni nada, nada bastará para conseguir tu vano intento.» ***

LUCIA: *(Con otra carta, cuya oración no lee completa)* «Me queman, me abrasan las lágrimas el corazón, el rostro, y no maldigo mi existencia.» *** *(Tira la carta).*

CARMEN: *(Tirando una carta, sin leerla).* «Si estoy loca, es por tu causa.» ***

PEPE: *(Resistiendo el asedio; dramático pero nunca declamatorio)*
 «Esta, es rubia; esa, oscura; aquella, extraña
 Mujer de ojos de mar y cejas negras;
 Y una cual palma egipcia, alta y solemne,

Y otra como un canario gorjeadora.
Pasan y muerden» **
LUCIA: *(Repitiendo lo ya dicho por Carmen)* ¡Si estoy loca es por tu causa!
PEPE: *(Evitando todo tono declamatorio)*
«Los cabellos luengos
Echan, como una red; como un juguete
La lánguida beldad ponen al labio
Casto y febril del amador que a un templo
Con menos devoción que al cuerpo llega
De la mujer amada; ella, sin velos
Yace, ¡y a su merced!, él, casto y mudo...» **
CARMEN: *(Haciendo juego).* ¡Casto y mudo...! Eso tiene gracia.
LUCIA: *(A Pepe).* ¡Tenías sólo dieciocho años!. Nunca podré olvidar los cuatro años en los cuales pude gozar de tus besos y tus caricias.
CARMEN: Soy tuya.
LUCIA: Eres mío.
PEPE: *(Violento, deshaciéndose, alejándose).*
«Se hace el vino satánico. Mañana
El vaso sin ventura que lo tuvo,
Cual comido de hienas, y espantosa
Lava mordente, se verá quemado» **
LUCIA: *(La una a la otra).* Soy yo.
CARMEN: *(La una a la otra.).* Eres tú.
LUCIA: La una y la otra.
CARMEN: Después, en Zaragoza, Blanca de Montalvo, que era una seso hueco y estaba loca por él.
LUCIA: *(Empezando a leer de otra carta, parodiándola, que en mitad de la lectura tira en el piso. A Pepe).* «Desde que tú te fuiste no sé lo que me pasa que no me gusta nada y a todos los hombres los encuentro feos...» ***
CARMEN: No sigas, Lucía, no me hagas reír.

55

LUCIA: *(En parodia, juego parecido, apenas leyendo, a Pepe).* «Muchas veces me he deseado la muerte, y creo que sería un día bueno para mí, sabiendo que no puedo ser tuya y que no te volveré a ver, aunque de esto no he perdido las esperanzas.» ***
CARMEN: ¡Ni que fuera Sor Juana! En México, le cayó atrás a Rosario de la Peña, de eso no te quepa la menor duda, pero fue de las pocas que no le hizo caso. Después vino Eloísa Agüero, una camagüeyana como yo, que le mandaba recaditos entre el tú y el usted, citas, sugerencias a medias tintas. Que si voy al teatro, que si me quedo en casa.
LUCIA: *(A Pepe, burlona)* «No salgo esta noche.» ***
CARMEN: *(A Pepe, burlona también)* «¿Vendrá usted, caballerito?» ***
LUCIA: *(Al público, entre bromas y veras)* «¡Qué amargo es hablar en enigma, más aún delante de tantos que oyen!.» ***
CARMEN: Hasta parar en lo mismo. *(Teatral, a Pepe):* «¡Te amo, mi bien, te amo con locura, como yo soy capaz de amar!» ***
LUCIA: *(Volviendo a Pepe hacia ella, agresiva pero burlona)* «Dime, ¿a dónde nos conduce nuestro delirio?» ***
CARMEN: *(Irónica)* No en balde tenía tan mal concepto de nosotras. Nos dejó a todas.
LUCIA: No debemos burlarnos, Carmen, porque nosotras hemos sentido lo mismo por él. Al principio de la novela, Adela, Ana y yo estábamos en el jardín bajo el árbol de magnolia. Juan no había llegado todavía. Yo caminaba de un lado para otro y no hacía otra cosa que repetir: «Juan no viene, ¡te digo que Juan no viene!» **
PEPE: «En un reloj de bronce labrado, embutido en un ancho plato de porcelana de ramos azules, dieron las dos» **
CARMEN: *(Paródica)* «Juan no viene, ¡te digo que Juan no viene!»

PEPE: «Arrancó sin piedad una camelia blanca y volvió silenciosa a la mecedora royéndole las hojas con los dientes. Tenía el rostro demudado, a punto de llorar» **
CARMEN: *(Angustiada, en otro tono, en serio)* «Juan no viene, ¡te digo que Juan no viene!»
LUCIA: Mi sombrero, arrogante y amenazador, se salía del borde del costurero con cintas carmesíes que se enroscaban desde el fondo de seda negro como una boa sobre una tórtola. Y la boa era yo.
CARMEN: *(Como un eco)*. ¡Y la boa era yo!
PEPE: «Estaban las tres amigas en aquella pura edad en que los caracteres no se definen: ¡ay, en esos mercados es donde suelen los jóvenes generosos que van en busca de pájaros azules, atar su vida a lindos vasos de carne que a poco tiempo, a los primeros calores fuertes de la vida, enseñan la zorra astuta, la culebra venenosa, el gato frío e impasible que les mora en el alma!» **
CARMEN: *(Angustiada)* ¡Soy yo, Lucía, soy yo! ¡El gato, la zorra, la culebra!
LUCIA: *(Angustiada)*. Nos odiaba, nos detestaba a las dos.
CARMEN: *(Angustiada)*. No, no. A mí solamente.
LUCIA: *(Angustiada)*. Quizás nos amara con locura.
CARMEN: *(Angustiada)*. Se ha dicho todo lo contrario.
LUCIA: *(Angustiada)* Nunca podremos saberlo
CARMEN: *(Angustiada)* ¡La vida íntima de Pepe!
LUCIA: *(Angustiada)* ¡Sus amores secretos!
CARMEN: *(Cambio de tono, burlona)* ¡Qué tonterías!
LUCIA: Hasta nosotras estamos perdiendo el tiempo.
CARMEN: *(Al público)*. Las mujeres, hay que reconocerlo, decimos muchas ridiculeces, y cuando nos ponemos a escribirlas es peor todavía. Yo misma no me quedé atrás. *(Leyendo de una carta)* «Mucho hace que te amo, pero en silencio, mucho ha que mi corazón te pertenece.» ***

LUCIA: *(En serio, natural, íntima, sin leer, como si memorizara el final de la carta de Carmen. A partir de este momento ningún texto debe leerse)* «Es muy cierto que desde que te vi te amé, pero también es cierto que desde que te conozco no he tenido un día de calma, porque los celos...
CARMEN: me mataban.» ***
LUCIA: Era yo.
CARMEN: Eramos las dos, porque tus celos eran míos.
LUCIA: Que también eran los celos de las otras.
CARMEN: Lo amaba con locura, es cierto. Y no podía perderlo. A toda costa tenía que hacerlo mío.
LUCÍA: Yo se lo dije. Pero para él no era más que una histérica, una loca, una mujer posesiva.
 CARMEN: No quiso escucharme y mucho menos entenderme.
LUCIA: ¿Escucharte? ¿Escucharnos?
CARMEN: Inclusive cuando él nos escribiera lo que le estábamos diciendo.
LUCIA: «Yo no sé que es ni para qué te quiero, aunque sí sé que te quiero por lo mismo que vivo...» **
CARMEN: «...y que si no te quisiera no viviría...» **
LUCIA: «Yo no quiero que tú conozcas a nadie, Juan.» **
CARMEN: «Yo te querría mudo, yo te querría ciego, Pepe» **
LUCIA: «Así no me verías más que a mí, que le cerraría el paso a todo el mundo, y estaría siempre ahí, y como dentro de ti, a tus pies, ¡dónde quisiera estar ahora!» **
CARMEN: No puedo evitarlo. No puedo resignarme a esta separación, a esta distancia.
LUCIA: «Me muero de una envidia enorme por todo lo que tú puedas querer y lo que pueda quererte» ** *(Directamente, a Pepe)* Nadie puede quererte más que yo.
CARMEN: *(Separando a Lucía).* No, no. *(Directamente, a Pepe).* Nadie puede quererte más que yo. «Odio un libro si

lo lees, y un amigo si lo vas a ver, y una mujer si dices que es bella y puedes verla tú.» **
   LUCIA: «Quisiera reunir yo en mí misma todas las bellezas del mundo, y que nadie más que yo tuviera hermosura alguna sobre la tierra. *(A Pepe).* Porque te quiero, Juan, lo odio todo.» **
   CARMEN: *(A Pepe)* «¡Yo no te basto!» **
   LUCIA: *(A Pepe)* «¡Yo no te basto!» **

(Pepe se deshace de las dos mujeres. Hastiado de todo, recita mientras sale de escena, preferiblemente entre el público, mientras las luces se apagan gradualmente)

>PEPE: «En el bote iba remando
>   Por el lago seductor
>   Con el sol que era oro puro
>   Y en el alma más de un sol.
>   Y a mis pies vi de repente,
>   Ofendido del hedor
>   Un pez muerto, un pez hediondo
>   En el bote remador» **

(Hay un apagón prolongado. Se empieza a escuchar el Mephisto Waltz No. 1, de Franz Lizt, preferiblemente en la grabación de Arthur Rubinstein. Este concierto se debe escuchar prolongadamente, sin concesiones al tiempo, con la sala completamente a oscuras. Por otra parte, sin embargo y por razones prácticas, podría servir de pausa, a modo de «entreacto», reanudándose la acción con la continuación del concierto)

SEGUNDO ACTO

(Si hay un entreacto, el concierto se seguirá escuchando durante este intermedio, a modo de música de fondo. La sala se irá oscureciendo hasta que terminen los últimos acordes. De preferirse eliminar el entreacto, se escuchará el concierto a oscuras, por el tiempo que se estime prudente)

PEPE: *(Voz en off. A oscuras).* «Así, como un espíritu que se despide, tocó Keleffy el piano. Jamás pudo tanto, ni nadie le oyó así por segunda vez. Para Sol era aquella fantasía; para Sol, a quien no volvería a ver nunca, ni dejaría de ver jamás. Sólo los que persiguen en vano la pureza, saben lo que regocija y exalta el hallarla. Sólo los que mueren de amor por la hermosura entienden como, sin vil pensamiento, ya a punto de decir adiós a la ciudad amiga, tocó aquella noche en el piano Keleffy.» **

(El oscuro se transforma en una luz enceguecedora, solar, que viene a ser un lenguaje de las luces. Gradualmente el efecto de luz se reduce. Pepe está en el centro del escenario, de espaldas).

PEPE: *(Voz en off).* «Mucho se había hecho admirar el apasionado húngaro en el comienzo de la fiesta; mas, aquella arrebatadora fantasía, aquel desborde de notas, ora plañideras, ora terribles, que parecían la historia de una vida, vino tan inmediatamente después de la aparición de la señorita Sol del Valle, que todos reconocimos en la improvisación maravillosa del pianista el influjo que en él, como en cuantos la vieron

61

con su vestido blanco y su aureola de inocencia, ejerció la pasmosa hermosura de la niña.» **

(Una luz cenital cae sobre Pepe, que se vuelve, y aparece como un «iluminado», vestido de la forma que aparece en la iconografía más tradicional).

PEPE: «Quiero, a la sombra de un ala,
Contar este cuento en flor;
La niña de Guatemala,
La que se murió de amor.
Eran de lirios los ramos
Y las orlas de reseda
Y de jazmín: la enterramos
En una caja de seda.
Ella dio al desmemoriado
Una almohadilla de olor:
El volvió, volvió casado:
Ella se murió de amor.
Iban cargándola en andas
Obispos y embajadores:
Detrás iba el pueblo en tandas,
Todo cargado de flores.
Ella, por volverlo a ver,
Salió a verlo al mirador:
El volvió con su mujer
Ella se murió de amor. **

(Al decir «él volvió con su mujer» entra Carmen por un lado del escenario, mientras que Lucía lo hace por el lado opuesto, con un papel en la mano. Pepe, inmediatamente, se acerca para darle el brazo a Carmen, pero en el momento en que dice «ella se murió de amor». Carmen se detiene y lo rechaza. Esto debe decirse de forma bien cronometrada)

CARMEN: ¿Cómo es posible que me hicieras responsable a mí de un crimen que tú estabas cometiendo?
PEPE: Yo no te he hecho responsable de nada.
CARMEN: Desde el momento y hora en que ella se murió de amor porque tú habías vuelto conmigo, me hacías culpable.
PEPE: Yo fui el que tomé la decisión de casarme contigo.
CARMEN: *(Irónica)* ¿De veras?
PEPE: Nuestro matrimonio era mi objetivo inmediato, como te había prometido. En Guatemala hice todos los preparativos para recibirte lo mejor posible. Muchas veces te lo hice saber en mis cartas, y lo mismo le decía a Manuel Mercado, que quizás me entendiera mejor que tú. Regresé a México para poder casarnos cuanto antes. María, además, lo sabía. Jamás le oculté a nadie mi situación y mi compromiso contigo.
LUCIA: *(Cuchicheándole a Carmen).* Un compromiso...
PEPE: *(Tomando la carta que Lucía todavía tiene en la mano y leyéndosela a Carmen.)* «Yo no tengo resentimiento contigo, porque tú siempre me hablaste con sinceridad respecto a tu situación moral de compromiso de matrimonio con la señorita Zayas Bazán.» ***
CARMEN: Sí, sí, todo muy formal, muy correcto, pero en el fondo absolutamente impropio. Porque hay que leer entre líneas.
LUCIA: Cualquier cosa que digas contra ella es inútil, porque deslumbró a todo el mundo, incluyéndome a mí.
CARMEN: Pero tú no la conociste.
LUCIA: ¿A Sol? ¡Claro que sí!
CARMEN: Estaba hablando de La Niña de Guatemala.
PEPE: María García Granados, para ser más exacto.
LUCIA: Sol del Valle, el personaje de la novela. ¿No eran la misma persona?
CARMEN: En cierto sentido tienes razón, Lucía. Eran la misma persona. La una era el espejo de la otra. Como tú y yo.

LUCIA: No te puedes imaginar, Carmen, lo bella que era. Y eso te lo digo yo, que la odiaba y la amaba al mismo tiempo. La noche del concierto en que tocó Keleffy...
CARMEN: *(Corrigiendo).* En que tocó Pepe.
LUCIA: ¿Cómo que tocó Pepe? Yo creía que Pepe era Juan Jerez, pero tú me dijiste, haciéndome aquel cuento descabellado de Dr. Jeckyll y Mr. Hyde, que Pepe era Pedro Real. No me irás a decir ahora que Pepe también es Keleffy.
CARMEN: Claro que es Keleffy, porque la crítica ha puesto las cosas en su lugar. *(Pasándole un libro; preferiblemente, «La narrativa cubana entre la memoria y el olvido»).* Fíjate lo que dice.
LUCÍA: *(Leyendo, con mucho detenimiento, tratando de comprender, lo cual se hace extensivo al público, ya que el texto tiene una doble intención aclaratoria).* «La unión que tiene lugar entre Keleffy y Sol, a través del piano, es una cópula de la armonía, que todos presencian. Tanto la música del pianista, donde se pone de manifiesto la habilidad de un virtuoso que hace un concierto de las palabras, como la presencia de Sol, que también toca el piano, le sirven al narrador para llegar a esa cópula suprema de la estética» * *(Pausa, asombrada).* ¿¡Públicamente!? Me parece un descaro, por muy metafórica que sea la cosa. Yo, a la verdad, no me di cuenta. *(Leyendo)* «El concierto de Keleffy es el concierto que toca Martí y mediante el cual se llega a la relación suprema del amor gracias a la estética, sin semen y sin carne, en un simbolismo de orgasmo trascendente». * ¡Qué desparpajo!
CARMEN: En resumen, Pepe era el que estaba tocando, así, delante de toda la gente.
LUCIA: ¡Qué bárbaro! ¡Qué cabeza tan loca! ¿Pero quién ha dicho tal cosa?
CARMEN: El que te está escribiendo.
LUCIA: ¡No lo puedo creer!
CARMEN: Pues créelo, porque está en blanco y negro.

UN OBJETO DE DESEO

PEPE: *(Pausadamente).* Sí, yo también soy Keleffy... *(Todo este parlamento, que se refiere a Carmen, va a ser dirigido a Lucía, que, desconcertada, se sienta, mientras Carmen desarrolla su angustia gestual al otro extremo del escenario, asediada por el texto de Pepe. Preferiblemente sin leer).* «Venía precedido de una fama singular y viajaba porque estaba lleno de águilas, que le comían el cuerpo, y querían espacio ancho y se ahogaban en un espacio cerrado de aquel pecho. Viajaba porque casó con una mujer a quien creyó amar, y la halló luego como una copa sorda en que las armonías de su alma no encontraban eco... Los que tienen ojos en el alma, han visto el dolor y el espacio de luz de su música, que es la poesía. Otros hay que no ven, porque es seguro que un topo no ha podido jamás concebir un águila. Y aquel dolor de vivir sin cariño y sin derecho para inspirarlo ni aceptarlo puesto que estaba ligado a una mujer a quien no amaba; aquel dolor que no dormía, ni tenía paces, ni le quería salir del pecho, y le tenía la fantasía apretada por serpientes, era lo que le daba a toda su música», que era la poesía, «un aire de combate y tortura que solía privarla del equilibrio y proporción armoniosa,» ** con imágenes torcidas y siniestras, propias de un león entre fieras...

CARMEN: No creas, Pepe, que vas a acabar conmigo, porque yo también tengo dolor, armas, palabras y tábanos fieros *(Acercándose a Lucía y abrazándose a ella, que ha quedado aniquilada bajo el peso de las palabras de Pepe).* Si, Lucía, Pepe es Keleffy... Pepe es... todos los hombres... Que nos aman y nos detestan al mismo tiempo... Como nosotras a ellos... Pepe es... el eterno masculino.

LUCIA: ¿Y Sol?

PEPE: *(Sin leer).* «Una copa de nácar, en quien nadie hubiese aún puesto los labios» **

LUCIA: ¡Qué exageración!

65

CARMEN: *(Burlona).* Oye como declama... Pepe siempre fue un gran orador... ¡El Doctor Torrente! Que fue el nombrete que le pusieron los guatemaltecos.

PEPE: No era un nombrete. Fue un apodo cariñoso que me dieron mis estudiantes.

LUCIA: *(Refiriéndose a Sol)* No te puedes imaginar lo bella que era, porque no la conociste. La noche del concierto fue como una luz que nos cegara a todos. Cuando entró, todos los ojos se volvieron hacia ella. Fue... fue como si entrara un rayo de sol que lo iluminara todo, hasta las candilejas... Las mujeres se erguían en sus asientos para verla, movían rápidamente el abanico, cuchicheaban las unas con las otras... *(Si se quiere, leyendo)* «Keleffy la miraba, como si con ella se fuese una parte de él; y al verla, la concurrencia aplaudía, como si la música no hubiera cesado, como si se sintiese favorecida por la visita de un ser de esferas superiores...» **

PEPE: Los hombres... Los hombres sentíamos como una cuerda rota...o como un ala...

LUCIA: Yo, que estaba dispuesta a odiarla, ya la amaba.

PEPE: *(Leyendo, para que no se pierda la conciencia «textual» de la obra)* «Tenía esa hermosura de la aurora, que arroba y ennoblece. Una palma de luz era» **

LUCIA: Para mí fue como una sacudida de lo inesperado. Era como si dentro de las páginas me estuvieran vapuleando. Me estuvieran sacudiendo de un lado para otro. No lo puedo explicar, porque no acabo de entenderlo. Era una confusión de sentimientos que no podía comprender. ¿Qué me estaba pasando?

CARMEN: Era Pepe que te estaba creando.

PEPE: *(Texto martiano, pero sin leer)* «No era un hombre, no, el que con más insistencia y un cierto encono, mezclado ya de amor, miraba a Sol del Valle, y con dificultad contenía el llanto que se le venía a mares a los ojos, abiertos, en el que se movían los párpados apenas. Lucía la conocía en aquel momento, y ya la amaba y la odiaba al mismo tiempo».**

LUCIA: Cuando los vi juntos, Carmen, cerré los ojos e incliné la cabeza, porque me sentía morir. Yo hubiera querido odiarla, pero no podía.

PEPE: *(Se inclina sobre Carmen, que deberá estar sentada en este momento. Sin leer).* «Se te puso el rostro amarillo cuando me viste llegar llevándola del brazo, y cuando volviste a abrir los ojos, que parecían turbios, tal parecía que había cruzado por tus ojos el pensamiento de un ave negra.» **

LUCIA: *(Carmen y Lucía representan la escena).* Días después, en el jardín, caminé hacia la enredadera donde había dos rosas rojas y me puse una de ellas. Por primera vez, porque nunca me las ponía. Sol tenía las mejillas encendidas y yo también. Me acerqué, le puse otra de las rosas en el pecho y la abracé. Entonces Sol ahogó un grito. *(Lucía ahoga un grito).* Era que, al abrazarla, le clavé una espina en el seno.

PEPE: *(Leyendo de nuevo, para no perder la conciencia «textual» de la situación).* «Con su propio pañuelo secó Lucía la sangre, y del brazo las dos entraron en la sala. Lucía también estaba hermosa.» **

LUCIA: ¿No te parece raro?

CARMEN: Sí, muy extraño.

LUCIA: ¿Qué era lo que me estaba pasando? No sé si todo aquello era la causa de mi desasosiego. Se me encendía el rostro o se me desvanecía el color. Yo amaba a Juan. *(A Pepe)* Tú lo sabes mejor que nadie. *(Sin leer).* «A veces, te lo diré a ti solo, sufro tanto que me tiendo en el suelo en mi cuarto, cuando no me ven, como una muerta. Me levanto como si estuviera por dentro toda despedazada».** Me muero de una envidia enorme por todo lo que tú puedas querer o puedan quererte. ¿Me perdonas por haberte querido tanto? *(A Carmen).* Yo lo celaba noche y día, mientras él se alejaba de mi, preocupado por las injusticias que les hacían a los indios, la miseria de los infelices, protegiendo a los desamparados... *(Al público).* ¿Por qué me abandonaba y se iba a defender los derechos de unos indios a quienes les quitaban sus tierras? ¿Qué podía hacer yo mano sobre mano? *(A sí misma).* Sí, sí, yo comprendo que eso estaba bien. Pero, ¿y yo? *(Al público).* ¿Qué hubieran dicho de mí si hubiera abandonado el lugar en que me habían colocado, que era sencillamente no hacer nada, como hacía Sol, y hubiera salido por el mundo a luchar por el bien de todos? *(A Carmen).* ¿Lo hubiera aceptado?

CARMEN: *(Continuando un discurso que es también el de ella).* Como éramos mujeres, no podíamos hacer nada y tampoco exigir que él nos lo diera todo.

LUCIA: Tenía que ser buena, bonita e inútil. Me querían arrepentida y sumisa. ¿Era eso justo?

CARMEN: *(El mismo juego, sin línea divisoria entre los sentimientos de la una y la otra).* ¡Yo lo quería a él! ¡Yo quería que me tuviera en sus brazos y que no me abandonara nunca!

LUCIA: ¿Por qué no podía complacerme?

CARMEN: Si él era el mundo para mí, ¿por qué no podía ser yo el mundo para él?

LUCIA: Y de pronto se apareció Sol del Valle, que «esplendía», como él no se cansaba de repetir.

CARMEN: Ni tú ni yo podíamos nada contra ella. Particularmente yo, que era una mujer de carne y hueso que hasta le dio un hijo.

LUCIA: ¿Acaso no hubiera sido lógico que la odiara?

CARMEN: Quizás Pepe te lo pueda decir, porque era él quien la escribía

PEPE: La odiabas

LUCIA: Pero la amaba también

CARMEN: Dr. Jeckyll y Mr. Hyde.

LUCIA: *(Mientras Carmen hace de Sol).* Y después, cuando Sol se tendió a mis pies y yo destrenzaba su cabellera, alisándola, dejándole ver aquel cuello que tenía una infinita delicadeza y que yo amaba y detestaba a la vez... *(A Pepe, angustiadísima).* ¿Qué estabas haciendo conmigo? Yo no entendía, porque a Sol debía odiarla, por celos, por envidia, pero al mismo tiempo no podía quererla... porque la detestaba.

CARMEN: Una amistad funesta.

PEPE: *(Ensimismado, contemplándolas).* Parecían dos reinas hermosas. Era como si estuviera pintando un cuadro, de esos que hacían los pintores pre-rafaelitas.

CARMEN: *(Separándose).* Pepe te escribía de ese modo. Estabas en sus manos y no podías escapar. Ni yo tampoco.

LUCIA: Mientras Sol parecía una reina, a mí me estaba volviendo loca.

CARMEN: Actitudes, decisiones, gestos, palabras. Te hacía amable y despótica al mismo tiempo, toda llena de contradicciones

LUCIA: *(Abriendo gavetas imaginarias, dándole a Carmen vestidos y sombreros que no están allí, algo alucinada. Tratando a Carmen como si fuera Sol, brusca y amable al mismo tiempo. Texto martiano, pero sin leerlo, dramatizado, llevando a la práctica las «acotaciones» de Martí sobre la gestualidad de Lucía).* «Todo, todo para ti. Mira, pruébate este sombrero. Yo nunca me lo he puesto. Pruébatelo, pruébatelo. Y este, y este otro. Estos tres son tuyos. Mira, trajes, uno, dos, tres. Este es el más bonito para ti. ¿Oyes? Yo quiero que tú quieras a Pedro Real, pero a Juan no me lo quieras. ¡Tu déjame a Juan para mí sola!» **

PEPE: *(A Carmen).* Tenía cambios bruscos de disposición que no podía explicarme, más o menos irracionales, como si volviera de una enfermedad.

CARMEN: Los que tú mismo le estabas provocando.

LUCIA: *(Desquiciándose, mirándose al espejo, que es Carmen. Sin leer, naturalmente)*. «Sí, sí, hoy estaba muy hermosa. Dime, tú, espejo, ¿la querrá a ella o me querrá a mí? ¿Por qué no soy como ella? Me rasgaría las carnes; me abriría con las uñas las mejillas, cara de imbécil. Hoy estaba muy hermosa. Se le veía la sangre y se le sentía el perfume por debajo de la muselina blanca. *(Carmen va a alejarse, para dejar su papel de «espejo». Lucía la retiene, mirándose en ella)*. ¿Qué es lo que tengo que me parezco fea a mí misma? Y yo no lo soy, pero lo estoy siendo. ¡El lo ha de ver! ¡El verá que estoy siendo fea, monstruosa! ¿Por qué tengo este miedo? ¿Quién es mejor que él en todo el mundo? *(Sacudiendo a Carmen, siempre en el juego de espejos)*. ¿Cómo no me ha de querer a mí, si él quiere a todo el que lo quiere?» **

CARMEN: *(Separándose y acercándose a Pepe)*. ¿Quién, quién te quiere más que yo?

LUCIA: *(Acercándose a Pepe)*. Yo me echaría a sus pies.

CARMEN: *(Besándole las manos)*. Yo le besaría las manos.

LUCIA: *(Abrazándolo)* ¡Yo le tendría siempre la cabeza apretada sobre mi corazón!

CARMEN: Si yo pudiera hacer esto, él sentirá todo lo que yo lo quiero y no podría querer a más nadie.

LUCIA: *(Separándose, alucinada)*. ¡Sol! ¡Sol! ¡María! ¡Sol! ¡Juan! ¡Pepe! *(Como una loca, sin leer)*. «Juan va a quererla. Lo conozco cada vez que la mira. Se sonríe con un cariño que me vuelve loca» **. ¿Quién es Sol para quererlo como yo lo quiero? Pero, ¿yo misma? ¿yo misma no la quiero? ¡Sí, la quiero y la odio! ¡Todo al mismo tiempo!» ¡No puede ser! *(A Pepe, directamente)*. ¡No sigas, Pepe, no sigas!

PEPE: *(Implacable)*. Seca y altanera, con Lucía no había paces. Desquiciada, salía con despecho, entraba iracunda, corría por los pasillos. En su habitación, se vestía y se despeinaba, echándose sobre la cama, desesperada, lastimándose el rostro y llorando.

CARMEN: Era yo. *(A Pepe)* ¿Era yo, Pepe, esa mujer a quién has odiado tanto?

PEPE: Se clavaba los dientes en los labios y los dejaba clavados en él. Un día entró Sol a su habitación y vio a Lucía tan descompuesta, que pensó que no era ella sino que había otra en su lugar, los ojos quemados y encendidos, la voz ahogada, con los celos que se le entraban como garfios venenosos en la garganta.

LUCIA: ¿Qué van a hacer conmigo?

CARMEN: Estábamos en un verdadero peligro. Para los victorianos de fines del siglo diecinueve, la sexualidad en la mujer y la locura estaban unidas.

PEPE: No seas ridícula, Carmen. Yo nunca fui victoriano.

CARMEN: Para algunas cosas, pero no para todas.

PEPE: Jamás le hubiera hecho tal cosa a Lucía.

CARMEN: *(A Lucía)*. A las neuróticas como tú, y a las histéricas como yo, las hacían pasar por locas, se les practicaba la castración y la clitorectomia para curarles trastornos nerviosos y mentales.

PEPE: ¿Te has vuelto loca?

CARMEN: De amor por ti, Pepe. Por eso me escribiste de ese modo.

LUCÍA: ¿Qué pasaba conmigo, Carmen?

CARMEN: Que Pepe te estaba construyendo. Quizás con el rechazo que hacia mí sentía. Te construía y te destruía al mismo tiempo. *(A Lucía)*. Andan diciendo por ahí que se trata de una novela homoerótica, y ya tú sabes los disparates que se les ocurre a los críticos.

LUCIA: ¿Homoerótica? ¿Y eso que quiere decir?

CARMEN: ¿Lo ves, Pepe? ¿Te das cuenta lo que has hecho con Lucía? *(A Pepe)* A pesar de toda su modernidad, la

tienes encerrada en el siglo diecinueve. *(A Lucía, cariñosa).* Quiere decir que tú y Sol se querían...
LUCIA: Eso es verdad, nos queríamos. ¿Es que eso tiene algo de malo?
CARMEN: No, no es que lo tenga. Pero no estaba, precisamente, bien visto ni se escribía mucho sobre el asunto. Tú y ella sentían una pasión... lésbica. Era una amistad... funesta. *(Volviéndose a Pepe).* Bueno, Pepe, no sé como explicárselo. Creaste una heroína moderna que, como tal, no sabía lo que estaba haciendo. Explícaselo tú, que fuiste el que lo escribiste.
PEPE: ¿Se ha dicho eso?
CARMEN: ¡Sí, claro! ¿Qué te creías? ¿Qué la situación iba a pasar inadvertida?
PEPE: ¿Y quién coño lo ha dicho?
CARMEN: Pues lo ha dicho la crítica. Prácticamente es *vox populi*. Al principio, se soslayaba, no se quería hablar del asunto. No voy a darte nombres, porque sería enredar la pita. Además, no lo han dicho para ofenderte. Lo han dicho para ponerte al día.
PEPE: ¿Ponerme al día?
CARMEN: Porque el homoerotismo está de moda. Hoy día no se habla de otra cosa, y sí tú lo escribiste, después de todo no hiciste más que adelantarte a tu tiempo, aunque quizás no supieras exactamente lo que estabas haciendo. Como bien sabes, una obra, después de escrita y dada a conocer, ya no es de quién la escribe. Hay que tener mucho cuidado con lo que uno dice.
PEPE: Si me fui de Cuba fue para poder decir lo que pensaba. ¿Cómo crees posible que me fuera a guiar por esas pequeñeces?
CARMEN: Pues tienes que atenerte a las consecuencias. Te lo dije mil veces, pero nunca me hiciste caso. Escribías lo que te venía a la cabeza, y cuando hablabas, hacías lo mismo, cara a cara y sin trastienda. Como es natural, eso te echó miles

de enemigos. Muchas veces te dije que no escribieras esto y no dijeras aquello. Cada cual ha tomado de ti lo que le ha dado la gana para probar lo que tiene en la cabeza.
PEPE: Como tú estás haciendo en este momento.
CARMEN: Se han dicho muchas cosas, Pepe. Que eras homofóbico, creo que por aquello que escribiste de Oscar Wilde, y misógino, lo cual, eso sí, no te favorece.
LUCIA: ¿Misógino? ¡Eso debe ser espantoso!
CARMEN: *(A Lucía)* Y tienen razón, porque dijo horrores de nosotras las mujeres. No lo cito, porque sería largo y tendido, pero era así.
LUCIA: Yo creía que tenía locura por ellas.
CARMEN: De eso no te quepa la menor duda. Pero lo cortés no quita lo valiente, Lucía. Se acostaba con ellas, pero después decía horrores de nosotras.
PEPE: ¿Es posible que se digan tales cosas?
CARMEN: Te advierto, Pepe, que no vas mal encaminado. Porque esa relación entre Juan Jerez y Pedro Real ha dado tela por donde cortar...
PEPE: ¿Y la amistad? ¿Es que la amistad no existe? La mano que se estrecha, de hombre a hombre, el abrazo que se da y que se recibe. ¿Es que ya eso no significa nada? Juan y Pedro eran amigos entrañables que se complementaban el uno al otro.
LUCIA: Será que está muy visto, digo yo.
CARMEN: Algo trasnochado...
PEPE: ¿Pero quién se dedica a levantar tales calumnias?
CARMEN: No te lo voy a decir porque no quiero meter en ningún lío a nadie. ¡Y meterme yo, mucho menos!
LUCIA: *(Leyendo).* «Y Juan, por aquella seguridad de los caracteres incorruptibles, por aquella benignidad de los espíritus superiores, por aquella afición a lo pintoresco de las imaginaciones poéticas, y por los lazos de niño, que no se rompen sin gran dolor del corazón, Juan quería a Pedro».**

PEPE: ¿Y eso qué tiene que ver?
LUCIA: Es cierto, Pedro y Juan no tenían secretos el uno para el otro.
CARMEN: Pedro es Fermín.
PEPE: ¿Es que no hay nada sagrado? Los sueños que se comparten... Los ideales por los que se lucha...
CARMEN: Las juergas prostibularias...
LUCIA: Las mujeres que se persiguen...
PEPE: Los dolores que nos desangran... Las persecuciones de las que somos víctimas... Las cárceles en que nos encierran...
LUCIA: Las reputaciones que se destruyen...
CARMEN: Las calumnias que se levantan...
PEPE: ¿Cómo te atreves, Carmen?
CARMEN: *(Radical)*. Porque Fermín es uno de los que me condenó al infierno.
PEPE: «Cultivo una rosa blanca
En julio como enero
Para el amigo sincero
Que me da su mano franca...» **
LUCIA: «Y para el cruel que me arranca
El corazón con que vivo...» **
PEPE: *(Interrumpiendo)*
«Si en un retrato el corazón se envía,
Toma mi corazón, y cuando llores
Lágrimas de dolor, con ellas moja
La copia fiel de tu doliente amigo...» **
CARMEN: Le escribiste a él versos que a mí no me escribiste...
PEPE: *(Muy sincero, muy auténtico)*. Porque él se los merecía. Esos versos, Carmen, los escribí cuando estaba en presidio, y era a él a quien le correspondían, porque era mi doliente amigo, al que estaba unido por una causa común que jamás entendiste. ¿Es que tú no sabes lo que es la amis-

tad? ¿Es que tú no sabes lo mucho que sufrí en presidio? ¿Es que tú misma, con tus propios ojos, no has visto las yagas que me marcaron para siempre en el cuerpo y en el alma?
(Desplomándose)
«Hermano del dolor, no mires nunca
En mi el esclavo que cobarde llora
Ve la imagen robusta de mi alma.
Y la página bella de mi historia».
(Recuperándose gradualmente). A los dos nos persiguieron, a los dos nos maltrataron, nos ultrajaron, y los dos estábamos luchando por la libertad de Cuba. La deuda que tenía con Fermín fue muy grande. Me apoyó, me sostuvo, y creyó siempre en mí, cuando muchos me dieron la espalda.

CARMEN: «Toma mi corazón...» Es mucho, Pepe.

PEPE: También te lo di a ti, a pesar de todo lo que has dicho, cuando en México nos comprometimos.

CARMEN: ¿Qué quedaba para mí si ya se lo habías entregado? Tu corazón, Pepe, no estaba dispuesto a compartirlo, porque te amaba demasiado. Lo cual confirma también que Fermín no pudiera aceptarme, porque tenía que compartir tu corazón conmigo.

PEPE: Estás hablando de dos cosas diferentes, Carmen. La amistad que sentía por Fermín y el corazón que le daba se forjaban en unas circunstancias de hermandad y lucha muy diferentes a los vínculos que ti me unían. No, tú no entendías nada de esto.

LUCIA: Que no dejaban de ser celos, que eran con los que me hacías a mí en la novela.

CARMEN: Pero para Pepe la amistad era lo primero.

LUCIA: «Si dicen que del joyero
          Tome la joya mejor,
          Tomo a un amigo sincero
          Y pongo a un lado el amor»

75

(Carmen y Lucia se alejan, hablando entre ellas, superficiales)

CARMEN: No en balde dijo lo que dijo.
LUCÍA: ¿Qué cosa?
CARMEN: Que yo había sido capaz de todo, comprometerlo, sí, comprometerlo, entregarme a él para obligarlo a casarse conmigo.
LUCIA: Pero, ¿quién lo dijo?
CARMEN: Su amigo de carne y hueso: Fermín Valdés Domínguez. Porque para él sería su «hermano del dolor» pero para mí era su compinche, que siempre me tuvo entre ceja y ceja y que no hizo más que hablar de mí con cualquiera que se le pusiera por delante... Su lleva y trae, su confidente.
PEPE: *(Interrumpiendo).* ¿Qué tienes en contra de él?
CARMEN: ¡Lo que dijo de mí! Que yo no era virgen cuando me casé contigo.

(Violento, Pepe da un salto, se quita la chaqueta, y se lanza sobre Carmen, como un loco. A medida que la acción se desarrolla, va lanzándose indistintamente de Carmen a Lucía).

PEPE: «Venid, tábanos fieros,
Venid, chacales,
Y muevan trompa y diente
Y en horda ataquen,
Y cual tigre a bisonte
Sítienme y salten!
¡Por aquí, verde envidia!
¡Tú, bella carne,
En los dos labios muérdeme:
¡Sécame: mánchame!
¡Por acá, los vendados
Celos mortales!» **

76

«¡Dios las maldiga! Frívolas e impuras
Guardan tal vez el cuerpo con recato,
Como un vaso de Sevres donde humean
Hidras ardientes y espantosos trasgos» **

(Torciéndose, juego corporal, separándose de ellas).
«Como fiera enjaulada...
Como cuerdas heridas, tiemblo y vibro,
Y ruge y muerde el alma atormentada,
Como en cuerpo de mármol encerrada» **

(Se desploma).

LUCIA: Está como loco.
CARMEN: No es para menos.

PEPE: *(Gradualmente, empieza a incorporarse. Se va acercando a Carmen, que se le aleja)* «Una mujer sin ternura, ¿qué es sino un vaso de carne repleto de veneno, aunque lo hubiese moldeado Cellini?». *(Acosándola)* «Vagabundo y como sin objeto anda el ser vivo por la tierra si no tiene, en cada encuentro rudo, para su frente sudorosa y herida, asilo en algún seno de mujer.» **. Así, en un día, dejan de amar los hombres a la mujer a quien quisieron entrañablemente, cuando un acto claro e inesperado les revela que en su alma no existe la dulzura y la superioridad con que la invistió su fantasía.

LUCIA: *(Transición, a Carmen, haciendo caso omiso de Pepe, que se aleja. Entrando en una nueva situación).* ¡Qué susto nos ha dado! Yo no sabía que vivir era tan complicado.
CARMEN: Tú no lo sabes bien.
LUCIA: Es tan complicado como ser un personaje de novela.
CARMEN: O de teatro.

LUCIA: ¡De teatro debe ser mucho más divertido!
CARMEN: Seguramente, porque a Pepe siempre le gustó el teatro... y ciertos lugares de aventuras galantes, como se dice...
LUCIA: Y las actrices, me imagino.
CARMEN: ¡Sobre todo las actrices!
(Rien. El tono es ligero, festivo. Se empieza a escuchar un vals distante. Pepe regresa, entrando en situación, sin chaqueta).

PEPE: *(A Lucía, ligero, cambio rápido).*
   «Yo quise, diestro y galán,
   Abrirle su quitasol;
   Y ella me dijo...
LUCIA: *(A coro, con Pepe).* ¡Qué afán!
   ¡Si hoy me gusta ver el sol!.» **
CARMEN: ¿No te dije? ¡México lo recibió con los brazos abiertos!
LUCÍA: Especialmente las mujeres.
CARMEN: ¡Dímelo a mí
PEPE: *(En un juego, tomándolas a las dos por el talle, dándoles besos rápidos, casi bailando)*
   «Yo visitaré anhelante
   Los rincones donde a solas
   Estuvimos yo y mi amante
   Retozando con las olas.» **
LUCIA: ¡Conmigo no sería!
CARMEN: ¡Ni conmigo tampoco!
PEPE: *(Tomando a Lucía por el talle, casi bailando).*
   «Después, del calor al peso,
   Entramos por el camino,
   Y nos dábamos un beso
   En cuanto sonaba un trino». **

LUCIA: *(Separándose, con un gracioso gesto de advertencia).* Déjame, por favor. Esto no es lo correcto.
PEPE: *(Tomando a Carmen por el talle, casi bailando).*
«Solos los dos estuvimos,
Solos, con la compañía
De dos pájaros que vimos
Meterse en la gruta umbría» **
LUCIA: *(Riendo ambas, se sientan).* Así debió ser.
CARMEN: Lo cual no tiene la menor gracia, porque no fue conmigo.
LUCIA: Ni conmigo tampoco.
CARMEN: Te han salido los colores a la cara.
LUCIA: Y a ti también.
CARMEN: Nos cogió desprevenidas. Fue una transición demasiado rápida,
LUCIA: No era Juan.
CARMEN: Era Pepe.
LUCIA: Se parecía al otro, a Pedro Real.
CARMEN: Era Pedro Real, el otro Pepe.
LUCIA: ¿Eras tú?
CARMEN: ¿Quién?
LUCIA: La que estuvo con su amante retozando con las olas.
CARMEN: Sería en Bath Beach, porque en México nunca fuimos a la playa.
LUCIA: ¿En Bath Beach?
CARMEN: Bueno, eso vino después y no fue conmigo.
PEPE. *(Regresando al grupo).* En Madrid la pasamos bien Fermín y yo. Las tabernas de Lavapiés, Las Vistillas, el Café de los Artistas.
CARMEN: *(A Lucía)* ¿No te lo dije?
LUCIA: ¡La Dolce Vita, como dicen los italianos!
PEPE: Pero también sabíamos llorar. *(Al público, como si se dirigiera a Fermín, muy en serio).* «El próximo 27 de

noviembre tú, Fermín, harás un libro que coronará dignamente tus lágrimas y tu martirio, y yo escribiré los versos, malos como míos, unidos indisolublemente al cariño que nos funde a Cuba». ** *(Pausa, sombrío).* Los españoles me pusieron grillos en los pies, pero no faltaron cubanos que me pusieron grillos en el alma.
    LUCIA: *(Al público, en otro tono)* Cuando Pepe y Fermín fueron al palco del Teatro Principal en Zaragoza, llamaron la atención. Todas las jovencitas querían saber quiénes eran esos mozos tan bien parecidos a quiénes nadie conocía. La curiosidad fue muy grande. Pepe examinaba al público y sus ojos querían devorar a todas las mujeres bellas que allí había, que eran muchas. Todos querían saber quiénes eran.
    PEPE: Fermín me decía: «A ti te está haciendo falta un gran amor»
    CARMEN: *(Graciosa, extendiéndole la mano).* Blanca Montalvo, para servirle a Ud.
    PEPE: Después, Francia. ¡De noche y de día Fermín y yo recorríamos las calles de Paris! La Plaza de la Concordia, El Arco de Triunfo, Notre Dame, el Palacio Real, la Catedral de Montparnassee!
    LUCIA; ¡Oh, lalá!
    CARMEN. ¡La Amour, La Amour, como dicen los franceses!

(Todos ríen)

    PEPE: ¡Eramos jóvenes, Carmen! ¡Teníamos que vivir! Después de todo, iba a dar mi vida por Cuba.

(Dejan de reír)

    PEPE: Pero llegó la hora de la partida. ¡Nunca lo olvidaré! Fermín quiso acompañarme hasta El Havre. Me preguntaba si volveríamos a vernos. Yo había sacado un boleto de ter-

cera, porque no tenía mucho dinero. Cuando el barco salió mar afuera, vino un empleado de a bordo, haciéndome saber que Fermín había suscrito la diferencia para que viajara en primera clase. *(A Carmen).* En México iba a conocerte. El gran amor que Fermín había anticipado.
CARMEN: «Amor con amor se paga»
LUCIA: «Presto, manos a la obra.
CARMEN: Al punto, ¿cómo comienza?
PEPE: *(A Carmen).* Vos sentada; yo sentado
LUCIA: Ved que ha empezado la escena
CARMEN: Antes que te cases mira...
PEPE: «No lo hagas y no temas...»
LUCIA: «Amor con amor se paga» **
CARMEN: No olvides esa conseja.
LUCIA: Que un proverbio con el otro
   Se encadena en la cadena.
PEPE:*(Galante, arrodillándose ante Lucía)*
   «Con ser tanta la verdad
   De vuestra rara hermosura
   Mayor es mi desventura
   Y mayor mi soledad.
   De roca os hizo en verdad
   Vuestra buena madre el pecho.
   ¿Qué ley os dará derecho
   para prendar hombre así» **
   Y me enamore de ti?
LUCIA: «Amor con amor se paga» **

(Todos ríen. Pepe saca a bailar a Carmen, después a Lucía, a medida que el siguiente diálogo se desarrolla. Cambian de pareja. Ríen).
   CARMEN: El teatro se vino abajo.
   LUCIA: Dicen que Conchita Padilla, la primera dama, no le soltaba la mano.

PEPE: Eso te sacaba de quicio, porque desde el principio fuiste muy celosa.
LUCIA: Me hiciste así.
CARMEN: La obra fue un éxito. Todo el mundo quería que subieras a escena.
PEPE: Pero yo no quería subir.
LUCIA. *(Al público, haciendo lo que dice)* Concha, tomándolo del brazo, lo condujo ante el público y a nombre de la compañía le ofreció la corona de laureles.

(Pepe y Lucía, tomados de la mano, se inclinan ante el público. Carmen le pone a Pepe una corona de laureles imaginaria)

CARMEN: *(Aplaude)* Yo no dejaba de aplaudir.
PEPE: *(A Carmen).* Desde el escenario, no podía quitarte los ojos de encima, porque eras la mujer más bella entre todas las mujeres bellas que había allí, con tu piel nacarada que me recordaba aquellos cuadros que había visto en el Louvre, con la sonrisa enigmática de la Mona Lisa.
CARMEN: ¡Por favor, Pepe, qué cosas tienes! ¡No me hagas reír!
LUCIA: *(Con cierta burla ligera)* ¡Qué elocuencia!
CARMEN: *(Riendo)* ¡Lo hizo famoso! ¿Qué mujer podría resistírsele?
PEPE: ¡Después bailamos hasta bien entrada la medianoche! ¡Nunca lo olvidaré! ¡Parecías una reina egipcia!
LUCIA: A lo mejor era con Sol con la que estaba bailando.
PEPE:*(Haciendo memoria)* ¿Con María?
CARMEN: María García Granados, efectivamente. Que se disfrazaba de Cleopatra, más o menos. Te equivocaste de pareja.
LUCIA: *(Riendo. No debe perderse el tono festivo)* ¡No en balde!

PEPE: *(Insinuante, sensual, a Carmen, seduciéndola).*
«Duermo en mi cama de roca
Mi sueño dulce y profundo.
Roza una abeja mi boca
Y crece en mi cuerpo el mundo»
CARMEN: ¡Por favor, Pepe, no sigas!
PEPE: *(Estrechándola fuertemente).* Todos los días, me esperabas con un vestido nuevo, todos con un escote de los cuales no podía separar mis ojos.
CARMEN: *(Separándose algo, riendo)* ¡Qué mentiroso!
LUCIA: ¿Es verdad todo eso?
PEPE: ¡Claro, naturalmente!

(Cesa la música abruptamente. Transición).

CARMEN: *(A Pepe).* Si no me querías, ¿por qué te casaste conmigo?
PEPE: Te quería, pero no te conocía lo suficiente.
CARMEN: Yo creia que en México habíamos sido felices.
PEPE: Lo fuimos. Pero yo tenía otro camino que recorrer y nada podía detenerme. Tenía que doblegarme, aceptar la dictadura de Porfirio Díaz.
CARMEN: Te trataron bien. *(Volviéndose a Pepe).* Desde que llegaste todos se maravillaron de tu talento, de tu erudición. Allí hubieras podido llegar a donde hubieras querido. No te iba nada mal. Papá primero se opuso, porque bien sabes que mi familia tenía ideas diametralmente opuestas a las tuyas. Quería que yo rompiera contigo. Pero yo podía ser tan fuerte como él y ofrecí resistencia.
LUCIA: Eras como yo.
CARMEN: Hasta que papá, finalmente, cedió. Tuvo que reconocer tu facilidad y elegancia de palabra, tu vasta erudición. *(A Lucía).* Además, Pepe era un excelente ajedrecista y papá era un jugador empedernido. *(A Pepe).* Estoy segura que hasta lo dejaste ganar más de una vez. *(A Lucía).* Yo creo que nos queríamos.

83

PEPE: Bien sabes que me enamoré de ti, locamente. Lo dije en infinidad de cartas. Cuando me fui de México para Guatemala iba lleno de ti, tu presencia me era indispensable. Me fortificabas, y al separarnos la nostalgia de tu amor llegó a ser tan fuerte como la nostalgia de la patria.

CARMEN: Fue entonces que nos comprometimos. *(A Lucía).* En ese momento, aunque al principio tuve mis dudas, llegué a tener absoluta seguridad en su cariño. Le daba fuerzas, aliento, y la seguridad plena que entre los dos lograríamos superar todas las dificultades. Yo me decía:

LUCIA: *(Leyendo de un papel que tiene en la mano)* «Pepe sufre mucho ahora, yo creo que más tarde vivirá mejor y más contento: ayudado él por mi cariño, olvidará un poco ese dolor de patria que tan grave es en las almas como la suya» ***.

CARMEN: ¡Y luego dicen que no lo entendí! Claro, estaba equivocada. Quizás ambos nos engañábamos al mismo tiempo, pero yo lo hacía todo de buena fe. *(A Lucía).* Si nos hubiéramos quedado en México, nuestra vida hubiera sido muy diferente, Lucía. Comprende mi situación. Elocuente, fascinante, nadie se le resistía. Mucho menos aquellas mujeres a las que seducía con sólo estar presente. Y yo, naturalmente, era hija de un hacendado camagüeyano, ilustre, respetado. En México, después de la aventura con Eloísa Agüero, Pepe formalizó sus relaciones conmigo. *(Pausa)* Y sin embargo, las malas lenguas, no se han cansado de injuriarme, hasta el punto de decir que... *(Pausa).* Pero, ¿cómo es posible que se hayan llegado a decir de mí las cosas que no se han dicho de las otras?

LUCIA: ¿A qué te refieres? Y en todo caso, ¿cómo es posible que otras personas llegaran a saber lo que pasó entre ustedes dos? A menos que Pepe lo hubiera contado.

CARMEN: Exactamente.

PEPE: «¿De mujer? Puede ser,
Que mueras de su mordida.
¡Pero no empañes tu vida
Diciendo mal de mujer!»**.
CARMEN: ¡Precisamente! *(A Pepe)* ¿Cómo es posible, Pepe, que tuvieras el valor de decir cosa semejante?
LUCIA: No puede ser, Carmen. Fíjate que hay una contradicción entre lo que estaba escribiendo y lo que tú dices que andaba diciendo.
PEPE: *(Irritado).* ¿Qué cosa? ¿A quién?
CARMEN: Cuando le dijiste a Fermín que no era virgen la noche de nuestra boda, ciertamente no dijiste nada bueno.
PEPE: ¿Cómo puedes pensar que yo dijera tal cosa?
CARMEN: Lo cierto es que Fermín lo dejó escrito en su «Diario de campaña».
PEPE: Componendas de historiadores, que quitan y ponen donde quieren, que se contradicen unos a otros, sin ponerse de acuerdo, haciendo referencia a documentos que no se han publicado todavía. En todo caso no quiere decir nada y bien puede ser inventado. Nunca me han dejado en paz. Cada cual ha dicho de mí lo que le ha dado la gana.
LUCIA: *(Arrogante).* Como de mí los críticos.
CARMEN: Como ese manuscrito está en Cuba en unas condiciones precarias, mi única esperanza es que se lo coman las polillas. *(Al público).* ¿Cómo es posible que se diga que yo fui capaz de entregarme a él para asegurarme que iba a casarse conmigo, mientras meten la mano en la candela por la honra de las otras, que es mucho más dudosa? *(A Lucía)* ¿Te parece justo que digan que Pepe fue capaz de decir tal cosa? ¿En tan mal concepto tienen a mi marido, que dio la vida por la independencia de Cuba? Y si lo hubiera dicho, ¿te parece bien que Fermín lo repitiera y lo dejara por escrito? ¿Te parece justo el poema que escribió como recuerdo de nuestra boda?

PEPE *(Aparte, al público)*
«¿Me casé? Yo me casé
Con un cestillo de nubes;
Y en la noche de bodas
Vi que era un cesto de cintas azules.
Y vi el cesto, yo lo vi
A la luz de la tormenta.
Y hallé —¡no hallara la muerte!
Que era un cesto de cintas muy negras» **
CARMEN: *(A Pepe)* ¿Cómo es posible...?
LUCIA: No entiendo.
CARMEN: Ni yo tampoco.
LUCIA: *(A Pepe, acercándose)* ¿Qué quieres decir con eso de las cintas negras?
CARMEN: *(A Pepe, pidiéndole cuentas).* ¿Por qué te querías morir? ¡Habla! ¡Explícate de una vez! ¿Qué era, Pepe, lo que habías visto en mí?
LUCIA: *(Conversacional, al público)* Querrá dejarles las conclusiones a los críticos.
CARMEN: *(Al público).*O a los historiadores.
LUCIA: *(A Carmen).* Sin contar, Carmen, que esto no tiene el menor sentido. *(Al público).* Porque si Pepe no era el que... el que... te había...
CARMEN: Desvirgado...
LUCIA: ¿...por qué se iba a tener que casar contigo?
CARMEN: *(Al público).* Porque si yo me había acostado con otro, ¿cómo es posible decir que me acosté con Pepe para que se casara conmigo?
LUCIA: *(Al público).* ¿Les parece que un hombre como Pepe fuera a aceptar papel semejante?
CARMEN: *(Al público).* O una cosa o la otra, digo yo.
LUCIA: Un rompecabezas, un acertijo. Como el poemita ese.
CARMEN: Y la notica que Pepe escribió en la cartulina.
PEPE: ¿Qué notica?

CARMEN: La que encontró LeRoy.
PEPE: ¿Quién es LeRoy?
CARMEN: ¿Pero tú no sabes quién es LeRoy?
LUCIA: *(Probando lo que dice con un libro en la mano).* Un señor que fue a Cuba para registrar entre los archivos secretos de Gonzalo de Quesada.
CARMEN: Tu albacea. El mismo que no dejó que yo me quedara con nada.
PEPE: ¿Y eso qué tiene que ver?
LUCIA: *(Poniéndose del lado de Carmen).* Como tú la escribiste, debes saberlo mucho mejor que nosotras. Ciertamente mucho mejor que yo.
PEPE: *(A Lucía).* ¿Entonces te pones del lado de ella?
LUCIA: ¿Y de qué lado me voy a poner? ¿Acaso no somos la misma?
PEPE: Pero eres mi personaje.
CARMEN: Era tu personaje, Pepe, pero ya no.
LUCIA: *(Releyendo)* En una cartulina...
CARMEN: ¡En una cartulina!
LUCIA: ¡¿En una cartulina?!
CARMEN: Que me compromete.
PEPE: En lo que a mí respecta, todo esto es una sarta de disparates.
LUCIA: No, eso no vamos a negarlo.
CARMEN: Te advierto que los historiadores lo toman muy en serio.
LUCIA: *(Satírica, arrogante).* ¡Y los críticos!
CARMEN: Haz memoria. No te hagas el loco y el desmemoriado, Pepe.
LUCIA: No se puede tapar el sol con un dedo.
CARMEN: Escrito a lápiz en una cartulina perteneciente a una guía de museo, fechado en Caracas, en 1884. ¿Te acuerdas ahora?

PEPE: No, yo no recuerdo nada. Sería en alguna exposición. ¡No tengo la menor idea! ¿Cómo me voy a acordar?
LUCIA: Son pruebas fehacientes.
CARMEN: Lee.
PEPE: *(Leyendo de un libro, no de una cartulina).* «Cuando me casé con Carmen, más que por amor que yo tuve, por agradecimiento al que aparentemente me tenía, y por cierta obligación de caballero que excitaba mi imaginación alarmable y puntillosa, sentí que iba a un sacrificio; que acepté, en desconocimiento del verdadero amor, porque creí que alguna vez había de llegar a él...»
LUCIA: ¿Es cierto eso?
CARMEN: ¿Te atreviste a escribir tal cosa?
LUCIA: Y nada más y nada menos que ¡en la cartulina de un museo!
PEPE: ¡Claro que no dije eso! ¿Qué clase de persona creen que soy?
LUCIA: Personalmente no puedo creerlo.
PEPE *(Leyendo).* «Un albor de amor tuve, después de conocer a mi mujer; en Guatemala, que sofoqué con mi creencia de que debía a la mujer que me tenía dada prendas anticipadas de su amor»
CARMEN: ¿Cómo es posible pensar que estuvieras deshonrándome de ese modo con noticas que dejabas por ahí? De tu puño y letra.
PEPE: Pero sin firma, en una cartulina que se me atribuye, reproducida en un facsímil de dudosa autenticidad, que no representa ninguna prueba legal en contra mía, tratándome como si fuera un delincuente común a quién llevan al banquillo de los acusados. *(Enfurecido).* ¿Quién eres tú para someterme a este interrogatorio? ¿Quiénes son ustedes? ¿Cómo se atreven? ¿Y como se atreven los demás a encontrarme falta cuando yo lo di todo por ellos? ¡Esto es una injusticia, una bajeza! Yo tenía cosas más importantes que hacer que poner-

me a escribir noticias de esa naturaleza en la cartulina de un museo. ¡Estaba trabajando por la libertad de Cuba! ¡Iba de un lado para otro estableciendo nexos, buscando dinero para comprar armas, preparando discursos por la causa cubana, arriesgándome, sufriendo, pasando toda clase de humillaciones! ¡Cuánta infamia! ¡Nadie tiene derecho a hacerlo!
LUCIA: ¿Ni el autor de la obra?
PEPE: Ni el autor de la obra.
LUCIA: ¿Y qué derecho tenías tú a escribirme de ese modo?
CARMEN: Y a mí, ¿de ponerme en el lugar donde me ponías?
PEPE: En ese lugar te pusiste tú y no te puso nadie. Te advierto, Carmen, que si en algún momento llegué a pensar que nunca debí casarme contigo, estoy seguro ahora que estaba en lo cierto *(Transición rápida).*

«Más piensa, público amigo,
Que cuando el alma se espanta
Y se tiene en la garganta
Fiero dogal por testigo» **
Un león entre las fieras
Tiene en el monte su abrigo

(Pepe va a salir por un extremo del escenario. Se detiene, escucha. Ni Lucía ni Carmen están en escena. Se escucha gradualmente una música indígena, creciente. Sigue escuchando. Mira alrededor y todo se va iluminando de un efecto visual con variaciones del verde y el azul que deben crear una atmósfera mágica. La luz debe crear una impresión de oleaje, en conjunción con la música. Es una sinfonía, un concierto de luz, que produce un efecto de encantamiento. Voz en off, muy nítida, musical, casi una canción... Este momento es plásticamente importantísimo.)

89

VOZ DE MUJER:
 Yo vengo de una tierra de volcanes altos
 De fenómenos súbitos inundada.
 Almolonga terrible y risueño Valle de las Vacas,
 Valle de Pauchoy de ricas aguas.
 Río colgado
 De dormidos volcanes que te esperan
 En el abrigo nocturno de las montañas.
 Ni cielo más azul,
 Ni más sabroso aire.
 Preñado el suelo
 Con el llanto de fuego de mi entraña.

PEPE:
 Cuando cruzaba tu espléndida rivera
 Palmeras que saludan al viajero
 Sueñan y cantan
 Para perderlo en un mar de fuego,
 Venus de agua,
 Una menuda
 Flexible y voluptuosa india,
 Eva de agua,
 Allí esperaba.
 Emerge del cristalino río,
 Muestra su escala.
 Cortinajes de verdura prendidos en el cielo
 A mí me cantan,
 Enhiesto pico de mi montaña
 Ama a quien ama.
 En cuenca de Venus india
 Ya coronada.

(Siguen brevemente los acordes musicales y efectos visuales. En el transcurso de esta secuencia, Pepe se quita la cami-

sa y los zapatos, quedándose en pantalones. Debe mantenerse el contexto lírico, casi ritualista, místico-erótico, que debe tener esta escena. Pepe sale corriendo.)

(Cambio de luz, rápido. Casi sin transición, entran Carmen y Lucía, «representando». Lucía lee por un momento mientras Carmen la increpa. «Interpretan» una escena de «Patria y Libertad»)

CARMEN: *(Carmen entra furiosa, con un libro en la mano, sin leer)*
«¡India insolente!
¿Cómo asi os atrevéis, indias malditas,
a insultar nuestros fueros de grandeza?
¿Olvidáis que entre ambas, yo y vosotras,
existe gran distancia y diferencia? **

(Pausa. Lucía, que hace su entrada leyendo, deja de leer y entra un poco en papel).

«Mas, ya caigo, ¿eres tú, la india rebelde,
amante del mestizo de alma fiera
a quién llaman Martirio el subversivo,
que a la chusma subleva?
Un plebeyo envidioso, sin principios,
Sin honor, sin valor y sin conciencia» **

LUCIA: *(Sin leer, pero sin estar demasiado en el papel, sentándose en la butaca).*

«No: Martirio es un valiente y un patriota
que lucha por la santa independencia
de nuestra patria, que hoy solloza, esclava,
encadenada por la opresión» *** violenta.

(Entra Pepe, todavía descalzo y sin camisa. Tiene el pelo mojado. Foco de luz sobre él. Se dirige más bien al público, exaltado).

«Soy la oveja
que se revuelve indómita ante el lobo
y exánime y atónito lo deja...
¡Mira en mis ojos
de un gran pueblo la cólera despierta!
Serviles nos hicieron, ignorantes,
ínsípidos doctores,
teologuillos y míseros danzantes
de manos insolentes...
En vano las espadas,
lanzas y perros moveréis ahora.
Hasta las piedras os serán negadas,
que cada piedra aquí venganza llora.
Y con lágrimas de indios maldecida,
cada senda, cada árbol, cada arroyo,
árbol no habrá que su fruto os brinde,
choza no habrá donde encontréis apoyo.
¡Todo el mundo a la lid! ¡Corre encendido
por la América Hatuey! ¡Manos al hierro!
¡A luchar, con los brazos, con los dientes!
¡Armas dará la suerte: Dios da bríos!
¡A luchar con las aguas de las fuentes!
¡A luchar con las ondas de los ríos!» **

(Sale Pepe, frenético, preferiblemente entre el público. Cambio de luces. Lucía y Carmen han permanecido impasibles, sin reaccionar ante lo ocurrido. Hablan con naturalidad, en otro tono, a veces dirigiéndose al público, como si les explicaran y también los hicieran cómplices. Cambio de luz)

LUCIA: En Guatemala lo recibieron con los brazos abiertos.
CARMEN: Sí, es cierto. Parece que el país lo inspiró... *(Con intención).* En más de un sentido. Allí fue donde escribió «Patria y Libertad», el drama indio.
LUCIA: *(Irónica)* Y «La niña de Guatemala», naturalmente.
CARMEN: El, claro, caía como una onza de oro.
LUCIA: *(Al público).* Entró por la puerta grande y el expresidente, Don Miguel García Granados, el padre de María, le abrió las de su casa.
CARMEN: Con sus salones elegantes y refinados donde Pepe pasó largas veladas hasta bien entrada las horas de la madrugada, hablando de política y jugando al ajedrez, como había hecho con papá en México. Estoy segura que se dejó ganar algunas partidas.
LUCIA: *(Al público)* Mientras María tocaba el piano *(Reticente. Se oye la música muy distante de un piano).* De una forma exquisita, naturalmente.
CARMEN: La casa tenía un amplio patio central, de pila al medio, con un risueño emparrado, con graciosas galerías por las que se accedía a las habitaciones. Que tú conociste mejor que nadie, Lucía, porque eran las de la novela.
LUCIA: María era...
CARMEN: Alta.
LUCIA: Esbelta.
CARMEN: Airosa
LUCIA: *(Al público, con ironía).* De María se han dicho maravillas, como decían de Sol: una sensibilidad exquisita, una aguda inteligencia, una formación romántica.
CARMEN: *(Al público).* Al fondo de la galería había un comedor extremadamente espacioso, como para no dejar duda de la tradicional hospitalidad guatemalteca.

(En el transcurso de este diálogo, Pepe vuelve a escena: peinado, con zapatos, poniéndose la chaqueta; todo natural).

LUCIA: *(Al público).* Que duró lo que un merengue en la puerta de un colegio, porque empezaron a envidiarlo. No iban a ver con buenos ojos que un cubano de apenas veinticinco años fuera a darles lecciones de historia de la filosofía, historia del arte y no sé cuántas cosas más.
CARMEN: *(A Pepe).* Nunca pudiste escapar a la envidia y Guatemala no iba a ser excepción. Te privaron de sueldo.
PEPE: *(A Lucía)* Traté de pasar inadvertido para evitar la envidia de los mediocres.
CARMEN: De nada te valió. *(A Lucía).* No te puedes imaginar mi situación en Guatemala. A él le encantó el país. Yo tuve que seguirlo. Fue un viaje espantoso, entre barrancos, cruzando ríos caudalosos, montañas, abismos, durmiendo en chozas miserables. No podía entender qué le encontraba Pepe a todo aquello. Fue peor todavía cuando tuve que dar el viaje después, cuando nos fuimos, y yo tenía cinco meses de embarazo. ¡Temía que de un momento al otro pudiera perder al niño! *(Al público).* Naturalmente, era mi obligación seguirle. Y para los hombres, que nunca han tomado en consideración esas vicisitudes, que nunca han pasado nueve meses bajo esas circunstancias y que desconocen los dolores del parto, claro, eso no representa nada frente a los conciertos de piano de Sol y de María...

(Con creciente paroxismo, acosando a Pepe).

LUCIA: Pero ¿qué pasó en las galerías que conducían a las habitaciones interiores?
CARMEN: ¿En el patio, junto a la fuente?
LUCIA: ¿En el emparrado?

CARMEN: ¿Durante esas veladas donde se siguieron todas las convenciones sociales del caso y no se decía una palabra más alta que la otra?

LUCIA: ¿Cuáles fueron las miradas que se cruzaron, la intención subyacente en las palabras, los roces y las insinuaciones?

CARMEN: ¿Qué cosas se dijeron y se callaron en esas veladas inolvidables hasta bien entrada la medianoche, donde se hablaba de política, de literatura, se leían poesías y se tocaba el piano, en cenas donde se servía lo mejor en un inmenso comedor que era una muestra de la hospitalidad guatemalteca?

LUCIA: ¿Qué ocurrió realmente entre una «niña» de unos quince años y un joven nueve años mayor que ella, cubano por más señas, seductor e insinuante, con ese atractivo insular que los ha hecho famosos, respaldado por apasionadas cartas de mujeres con conocimiento de causa que configuraban su «dossier» amatorio, que dondequiera que entraba llamaba la atención, y que cuando se ponía a hablar le llamaban el ¡Doctor Torrente!, envidiado por todos los que le rodeaban, que acababan sintiéndose como pigmeos?

CARMEN: ¿Qué fue, Pepe, qué fue lo que pasó?

LUCIA: ¿Un amor platónico?

CARMEN: ¿Un *flirt* sin consecuencias, como dirían los ingleses? ¿Qué callaron, qué dijeron y qué hicieron?

(Pausa).

CARMEN: *(Con más calma).* Cuando llegamos a Guatemala, tengo que confesarte, Pepe hizo todo lo posible para que me sintiera bien.

PEPE: Pero era imposible disimular, usar la máscara, ocultar mi ideario.

CARMEN: Quizás tuviera secretos para conmigo, pero con los hombres hablaba de cara a cara y de frente a frente, que bien caro le costó, cuando la libertad estaba en juego.

PEPE: Estaba desatada la tiranía. Me trataban con ira, con resentimiento.

CARMEN: Además, para empeorarlo todo, poco después de nuestro regreso, casado ya, María García Granados *(reticente, irónica)* «se murió de amor» y no de «una incurable dolencia pulmonar» como dijeron los médicos. Yo no sabia exactamente lo que estaba pasando, pero tuve que resistir el comadreo, las murmuraciones de vecindario, porque después de todo yo era una extranjera y María, la víctima, una guatemalteca hija de un ex-presidente. Aquellos intercambios amatorios, explícitos o implícitos, se convirtieron en una cuestión de estado. Si no había pasado nada entre ellos, ¿por qué no me llevó a conocerla? ¿En qué medida era Pepe responsable? ¿Qué hay detrás de la reticente referencia de María a «me hablaste con sinceridad» y su melodramático «te suplico vengas pronto» de una carta que Pepe nunca le contestó? Si no había nada comprometedor, ¿por qué Pepe y yo no la fuimos a ver cuando regresamos casados? Carticas, noticas que se pueden interpretar de una manera o de la otra. Hicieron de ella un mito, una leyenda... Bueno, tú lo sabes tanto como yo, porque con Sol ocurrió lo mismo.

LUCIA: Pero Sol, ¿qué hizo Sol para merecer esa admiración, ese cariño?

CARMEN: ¡Nada! Absolutamente nada. Quedarse impasible, como quien oye llover. Dejarse hacer. Una criatura que no servía para nada.

LUCIA: Para ella todos los cuidados, todas las delicadezas.

CARMEN. Si lo amábamos, ¿qué diferencia había entre ella y yo? ¿Acaso Sol amaba a Juan más de lo que tú lo amaste?

LUCIA: No, eso no es posible. Ella sería el Sol, pero yo era el otro lado de la Luna. El lado oscuro de Eva, al que los hombres jamás pueden llegar.

CARMEN: ¿Por qué yo era capaz de dar un mal paso, como dijo ese amigote de Pepe, y ella era incapaz de darlo? Si Pepe no fue a verla, por algo sería, y luego vinieron los golpes de pecho.

LUCIA. *(Adquiriendo fuerza).* Había que acabar con ella y la idea se me había metido en la cabeza y no podía salir. El mismo me había metido el crimen en el cráneo, no entiendo por qué, pero las sienes me latían cuando pensaba en ello. Me había convertido en una mujer fatal y siniestra, que tenía que llevar las cosas a sus últimas consecuencias.

PEPE: «Como de bronce candente
Al beso de despedida
Era su frente, ¡la frente
Que más he amado en la vida!
Se entró de tarde en el río,
La sacó muerta el doctor:
Dicen que murió de frío.
Yo sé que murió de amor» **

CARMEN: ¿Y de qué me he muerto yo? Dí, ¿de qué me he muerto?

PEPE: *(Cruel, implacable).* De rabia, como hubiera dicho Fermín.

(Apagón)

(Hay una rápida transición, más bien confusa; a veces con un intercambio de papeles que no responde a una lógica estricta).

LUCIA: Yo misma había ayudado a vestir a Sol, que estaba en el cuarto de Ana y le había dado mi pulsera de perlas.

Era una contradicción, porque si yo la detestaba, ¿por qué iba a amarla tanto? Realmente, no entendía. Una confusión de sentimientos que tenía en mi cabeza, como si aquel que me estaba creando quisiera volverme loca. Ella lucía más bella que nunca y casi parecía una novia. Tenía un vestido de muselina blanco, casi transparente, el cuello abierto apenas, dejando ver la garganta sin adornos.

CARMEN: *(En este momento, como Sol. Lucía hace lo que dice Carmen).* Estabas como loca. Me deshacías el peinado y me lo volvías a hacer. Y después quisiste ponerme las camelias.

LUCIA: ¿Así? ¿No? Un poco más alto, que no te cubra el cuello.

CARMEN: *(Como si fuera Sol).* ¿Y tú, qué flores te vas a poner?

LUCIA: Tú sabes que nunca me pongo flores.

(Lucía se separa. Se aleja corriendo. Se detiene)

CARMEN: Lucía salió de la habitación, porque no podía resistirlo.

LUCIA: ¿Quién, quién podía llegar a ser tan hermosa como Sol? Salí corriendo y me encerré en mi habitación.

CARMEN: *(La sigue, se acerca a Lucía hasta mirarse frente a frente).* Descompuesta, iracunda, los ojos quemados y encendidos. Eran garfios envenenados que se enterraban en el corazón.

LUCIA: *(Frente a Carmen).* Me miraba al espejo y no podía reconocerme.

CARMEN: Y sin embargo era yo.

LUCIA: Estaba destruida, llena de contradicciones, como si aquel hombre me amara y me odiara al mismo tiempo.

CARMEN: ¿Juan?

LUCIA: No, Juan no. El que me escribía. Como si no supiera qué hacer conmigo.
CARMEN: Con nosotras. Con las pasiones que nos inventaba, los deseos ocultos, el odio y el amor que se confundían.
LUCIA: Quería acabarme, destruirme.
CARMEN: Nos odiaba, Lucía.
LUCIA: ¿No es posible que nos amara demasiado? Porque, después de todo, ¿no era yo su personaje? Quizás fuera aquel dolor que no dormía, ni tenía paces, que ni siquiera quería salírsele del pecho, como él decía.
PEPE: Aquel dolor que a veces, con las manos crispadas, me buscaba en el corazón, para arrancármelo de raíz, aunque tuviera que arrancarme el corazón con él.
CARMEN: Termina, Pepe. Estoy muerta, estoy muerta y enterrada y solo quiero que me digan: descanse en paz. Ponle la pistola a Lucía en la mano, como en la novela, y acaba de una vez.

(*Transición. Efecto de luces, quizás intermitentes, reflejando un estado de confusión, pero no al punto de asfixiar la claridad del texto y el dramatismo de la situación*).

PEPE: (*Como quien prepara la escena. Moviéndose por el escenario para darle vida a la acción*) ¡Gentes, caballos, carruajes! ¡Cámara, acción! ¡Las cinco, las seis, las siete! Ya está lleno de gente el colgadizo. Caballeros y niñas vienen ya del brazo de las habitaciones interiores. Carruajes y caballos se detienen a la puerta del fondo. Ya desde el portal, al apearse del carruaje, se ve la entrada de la sala, donde hay un doble recodo para poner dos otomanas, como si hubiera allí ahora un bosquecillo de palmas y de flores.
CARMEN: (*A Pepe, como si ella fuera Sol*). Juan, Juan, ¿dónde está Lucía que no viene?
PEPE: Ella vendrá enseguida. Está todo preparado.

LUCIA: ¡Voy! ¡Ya estoy!
CARMEN: *(A Pepe, como si fuera Lucía)* Y Sol, Juan, ¿dónde está Sol?
PEPE: Ya viene Lucía. Sol tiene que entrar conmigo.
LUCIA: ¡No, Juan, no contigo! Todo menos eso. ¡Contigo no!
CARMEN: *(A Pepe, como si ella fuera Sol).* Juan, ¡Lucía no quiere abrirme! Yo creo que le pasa algo. La criada me dice que se ha vestido tres o cuatro veces, y ha vuelto a desvestirse, y a despeinarse, y se ha echado sobre la cama, desesperada, lastimándose la cara y llorando.
PEPE: ¡Alli viene, alli viene!
LUCIA: *(Camina hacia el centro del escenario, mirando a la platea).* Lo recuerdo claramente. Juan le había dado órdenes a un indio que recogiera todas las pistolas de los invitados y las pusieran en una cesta. En ese instante estaban Juan y Sol de pie en medio de la sala y otras parejas alrededor para que ellos rompiesen el baile. Yo aparecí al fondo del corredor, toda desencajada, y él me había vestido de negro, de luto, *(«de un rojo sangriento», en caso de que la actriz esté vestida de rojo),* para contrastar con Sol, que era luz, y estaba toda vestida de blanco. *(A Carmen)* ¿No te parece eso una injusticia? Me tenía predestinada, desde la primera página, condenada, encerrada en un callejón sin salida.
CARMEN: Era yo. No eras tú. Compréndelo. Era a mí a quien tenía en la cabeza. Era yo quien disparaba.

(Carmen da una vuelta y retrocede, quedando de espaldas. Luz roja).

LUCIA: Creo que me había vuelto de piedra. Los tenía a doce pasos de distancia. A Juan Jerez y a Sol del Valle, a José Martí y a María García Granados. El, más guapo que nunca. Ella, más luminosa que antes, a punto de cegarme a mí, con aquel vestido siniestro por donde ya corría la sangre. De una terrible sacudida, desaté sobre mi espalda la cabellera, que finalmente se liberaba. Tomé la pistola de la cesta, que me habían puesto en la mano.

(Juan le da la pistola y retrocede. Lucía camina hacia el centro y frente del escenario. Una luz cenital se enciende. Es Sol).

LUCIA: Cuando Sol se desprendió de los brazos de Juan y venía hacia mí con los brazos abiertos, hice fuego.

(La luz se vuelve enceguecedora. Lucía apunta y dispara. Oscuro total. Luz cenital sobre Pepe. Lucía y Carmen no están presentes. Sólo queda Pepe)

PEPE: «¡Por fin potente mi robusto brazo
      Puede blandir la dura cimitarra,
      Y mi noble corcel volar ya puede
      Ligero entre el fragor de la batalla!» ***
      Así dije en *Abdala*.
      Ahora lo entiendo:
      Me despojo de todo: de riendas y de bridas,
      De besos, brazos, cuerpos,
      encuentros, despedidas,
      En un corcel de fuego
      Encuentro el río que me da la vida
      «Yo quiero salir del mundo
      Por la puerta natural:
      En un carro de hojas verdes
      A morir me han de llevar.» ***
      Lo que en un principio fue, ahora termina.
      Vuelve el sol al sol,
      Sin ayer, ni ahora, ni mañana.

Enigma soy
Encadenado en prisioneras lavas,
Volcán que ama.
En aire, tierra y ala.
Mi único amor, total y verdadero,
Sangriento lazo,
Es el que siempre he sentido por la Patria
Poco me importa, porque logré salvarla.
«No me pongan en lo oscuro
A morir como un traidor:
¡Yo soy bueno, y como bueno
Moriré de cara al sol!»

(Oscuro total)

Diciembre, 2005